『和创造世界名牌的人
一起放飞梦想』

乔布斯和他的苹果

qiaobusi he tade pingguo

◇ 闫　峰◆编著

吉林出版集团有限责任公司

图书在版编目（ＣＩＰ）数据

乔布斯和他的苹果/闫峰编著.－－长春:吉林出版集团有限责任公司，
2014.8

（和创造世界名牌的人一起放飞梦想）

ISBN 978－7－5534－4074－3

Ⅰ.①乔…Ⅱ.①闫…Ⅲ.①乔布斯，S.（1955～2011）—生平事迹—青
少年读物Ⅳ.①K837.125.38-49

中国版本图书馆CIP数据核字（2014）第160132号

乔布斯和他的苹果
QIAOBUSI HE TA DE PINGGUO

编　　著：	闫　峰	
项目负责：	陈　曲	
责任编辑：	陈　曲　　王傲然	
出　　版：	吉林出版集团股份有限公司	
发　　行：	吉林出版集团社科图书有限公司	
电　　话：	0431-81629727	
印　　刷：	北京一鑫印务有限责任公司	
开　　本：	710mm×960mm　1/16	
字　　数：	100千字	
印　　张：	12	
版　　次：	2014年9月第1版	
印　　次：	2019年7月第2次印刷	
书　　号：	ISBN 978-7-5534-4074-3	
定　　价：	23.80元	

如发现印装质量问题，影响阅读，请与出版方联系调换。0431-81629727

序 言
PREFACE

梦想与生命共存　传奇与我们同在

当你拥有这套《和创造世界名牌的人一起放飞梦想》系列丛书并真正读懂它的时候，祝贺你，你已经向成功又迈进了一大步，并可以为自己的人生勾画一张蓝图了。

开卷有益，我们不是猎奇，不是对世界名人和超级品牌的奇闻轶事简单地一声惊叹，而且通过阅读，让我们的视野变得更加开阔，让我们能够更好地认识这个世界，并找到适合自己的成功之路。

这是一套全方位满足你阅读愿望的好书，文字鲜活，引人入胜。这里有商界巨鳄的传奇创业故事，也有他们普通如你我的日常生活，当你随着一行行文字重走他们的人生之路时，你的心一定会在波澜起伏中感到一种快意。或许他们的成功不能复制，但是他们的坚忍、执着、宽容——这些成功的要素，我们可以复制。

通过阅读名人的成长故事，重温名人的创业之路，我们会发现，健全的人格、自由的意志、高远的理想、敢于实践的勇气、高瞻远瞩的见地、坚毅勇敢的性格、理性处世的原则、独立思考的习惯、幽默风趣的表达方式……一个人成功的诸多要素都以具体而形象的方式展现在你的面前。

每个人都有自己的生活轨迹，然而成功之路殊途同归，这一路上你的行囊里必须要装入梦想、希望、宽容和坚忍。

请给自己一个梦想吧！梦想是成功的种子，梦想是希望的支点。从这套书中你会发现，每一个了不起的品牌里都承载了品牌创始人那激越的梦想。是梦想，让他们充满激情，斗志昂扬；是梦想，在困境中带给他们希望，让他们有了坚持下去的勇气；是梦想，激励他们不断向前进！

为梦想不懈地努力吧！从这套书中你会明白，任何人的成功都不会一帆风顺，在鲜花和掌声的背后，有太多不为人知的痛苦。那些创业中的失败、徘徊和挫折，对我们来说更具有启迪的价值。真正的勇敢者，并不是无所畏惧，而是在面对挫折的时候，能及时调整自己，正视艰难困苦，不放弃希望。所谓成功，不过是努力的另一个名字罢了。

伟大的戏剧家莎士比亚曾说："一个最困苦、最卑贱、最为命运所屈辱的人，只要还抱有希望，便无所怨惧。"

生命只有一次，让我们在阅读中汲取无穷的力量吧！《和创造世界名牌的人一起放飞梦想》系列丛书会带你走进一个传奇世界，仔细阅读并把你的梦想付诸实践，你也许会成为下一个传奇。

带上我们的梦想启程，为我们璀璨夺目的人生而奋斗！

目 录
Content

前 言
Introduction

"苹果"是用来做什么的？亲爱的朋友们，看到这个问题，你一定会觉得奇怪吧？苹果不是用来吃的吗？可是，只要你再想一下，你一定会想到别的答案。

是的，在我们生活的这个时代，苹果不但可以用来吃，还可以用来打电话、听音乐、上网冲浪、看电影、玩游戏，只要你能想到的事情，很多都跟"苹果"有关系，甚至在西方俗语中还有那句：An apple a day, keep the doctor away。而事实上，苹果不但可以吃，还改变了我们的生活。

在人类的历史上，有很多有意思的"苹果"，这些"苹果"对我们的生活产生了重要的影响。苹果迷们喜欢对苹果这样评价："三个苹果改变了人类文明的历程：夏娃的苹果、牛顿的苹果和乔布斯的苹果。"夏娃的苹果代表着人类文明的开端，牛顿的苹果代表着科学的起步，而乔布斯的苹果则是"利用科学创造出无与伦比的诱惑"。

现今苹果风暴来势汹汹、席卷全球，作为一个苹果产品的普通用户或粉丝，他们可以在体验苹果产品带来的几乎完美体

验的同时高呼"苹果万岁""乔布斯万岁"，并将乔布斯作为
IT神父一样的人物来看待。所以，就让我们一起在本书中了解
"乔布斯和他的苹果"吧，希望这个"苹果"也能对你的生活
产生一些影响。

Steve Jobs

第一章　苹果和乔布斯

Steve Jobs

第一节　引领科技潮流的苹果

> 人生只有不断地追求，不断地突破，才能在逆境中激发自身的潜能。
>
> ——史蒂夫·乔布斯

创立于1976年4月1日的苹果公司（Apple Computer, Inc.），原称苹果电脑公司，总部位于美国加利福尼亚的库比蒂诺。

如今，苹果公司是全球第一大手机生产商、全球最大的PC厂商，也是世界上市值最大的上市公司，其核心业务是电子科技产品，在高科技企业中以创新而闻名全球。苹果公司的知名产品包括：iPad、iPhone、iPod、MacBook、Macintosh电脑、iTunes商店等。2014年6月2日，《财富》发布2014年美国500强排行榜，苹果公司居第五位。

1976年只有21岁的史蒂夫·乔布斯卖掉了自己的大众汽车，好朋友史蒂夫·沃兹也卖掉了珍爱的惠普计算器，他们凑足了1300美元的启动资金，在一个破旧的车库里创立了苹果公司。通过艰苦研发，终于在这个简陋的"公司"里开发出了第一代苹果电脑。

1977年，在美国旧金山举办的西海岸电脑展上，凝聚着乔布斯与沃兹心血的第二代苹果电脑一鸣惊人。它一改过去个人

电脑沉重粗笨、设计复杂、难以操作的形象，5.4公斤重的机身仅用10只螺丝钉组装，塑胶外壳美观大方，看上去就像一部漂亮的打字机。数不清的用户涌向展台，观看、试用，订单如雪片般飞来。

1983年苹果公司的销售额翻了几百倍，公司市值已经达到9.8亿美元。不满30岁的乔布斯成了亿万富翁，并且是全美最富有的40位大亨中最年轻的一个。全世界的媒体普遍认为，他成功的最大"秘诀"就是不断创新。

1985年，乔布斯因与当时的总裁意见不合，辞职离开了他一手创立的苹果公司。12年后，即1997年，在苹果公司遭遇到经营危机的重要时刻，乔布斯重返苹果公司。

1999年，苹果推出第二代iMac时，乔布斯重新设计了计算机的外形，让人们知道了电脑除了实用性之外，也可以拥有独特、炫目的外形：iMac有着红、黄、蓝、绿等5五种颜色。他在发布会上说："它让你想舔一口！"为了制造出完美产品，当市场上充斥着各种颜色的播放器时，乔布斯却推出了纯白且薄得像张卡片的iPad，它再次引领了时尚潮流。

2000年9月12日，在巴黎苹果展览会上，苹果推出了新款iBook。新推出的iBook有两款不同颜色的机型（灰色和青色），其主频为366MHz或466MHz。另外，还发布了Mac OS X公共测试版，并在英国、德国和法国的Apple Store开始发售，售价为30美元；微软发布苹果版的Office 2001，它被认为好于Windows版的MS Office 2000。

2001年苹果公司进入全新的创意发展期，这一年苹果产

品不断更新。在三藩市MacWorld展览会上，史蒂芬·乔布斯展示了一系列苹果新产品。在硬件方面，苹果推出了全新的PowerMac G4电脑，新G4由纯钛制造，并配置了更快的G4处理器以及内置的CD-RW或DVD-RW光驱。苹果还获得了DVD的许可，发布了DVD studio Pro和iDVD。另外，苹果还在其官方网站上提供了用于播放、编码和转换MP3文件的工具软件——iTools的免费下载；苹果还发布了MacOS 9.0.4的升级版MacOS 9.1。同时乔布斯宣布Mac OS X的发布日期为2001年3月24日。

2001年2月，苹果在东京MacWorld展览会上展示了配置内置 CD-RW光驱的新iMac系列。新系列iMac共有四种颜色："indigo" "Blue Dalmatian" "Flower Power"和石墨色，主频为400MHz、500MHz或600MHz。同时，苹果还推出了G4 Cube的升级版。3月苹果又以市价6200万的苹果股票收购了PowerSchool公司。PowerSchool公司是一家专为学校提供数据管理软件的公司。PowerSchool Server是基于互联网开发的，所以可通过Web浏览器对它进行访问。苹果通过收购PowerSchool公司，就有能力为学校提供完整的系统集成：为学生提供iMac，为教师提供Power Macintosh电脑，而Power Macintosh G4 Server则可以作为PowerSchool软件和AirPort无线网络的平台。

苹果发布Mac OS X 10.0同期，大量的Mac OS X版的第三方软件发布。2001年5月，属于苹果公司的第一批零售店开张。它们位于洛杉矶和华盛顿。苹果在它的零售店里提供了硬件及Macintosh软件，还为苹果爱好者们交流经验、学习以及苹果软硬件的演示开辟了专门的区域。苹果想通过开办自己的零售店

使其5%的市场份额增加一倍，到2001年末在全美共开办了25家零售店。

2001年5月，在WWDC 2001上苹果宣布Mac OS X将随机附带，还发布了Web Object 5和新17英寸平板Studio显示器，同时将PowerMac G4 Server升级到双533MHz G4处理器。在纽约MacWorld展览会上，苹果推出新G4电脑，主频高达867MHz，其中双800MHz处理器具有每秒120亿次浮点运算能力。9月，苹果发布了733MHz Power Macintosh G4 Server。

2001年11月10日：iPod发布；11月13日：AirPort 2发布，新增加了对Windows PC的支持。此外，AirPort 2基站配置一块WAN以太网卡用作DSL路由，不久Final Cut Pro 3和MacOS 9.2.2发布。

2002年苹果公司在MacWorld展览会上展示了全新的LCD iMac，同时展出的还有14英寸的iBook和免费的照片编辑软件iPhoto。不久Mac OS X苹果远程桌面发布。在东京MacWorld展览会上发布了iPod升级版和23英寸的Cinema显示器。

2007年，"苹果"向手机市场抛出了iPhone。乔布斯说，他最初重视的其实并不是iPhone，而是iPad平板电脑。事实上，早在20世纪90年代，"苹果"就已经开发出了iPad前身，起名叫"Newton"，但是被乔布斯"扼杀"了，因为他发现Newton配备的铁笔非常麻烦。于是，他想到了触摸屏的发展方向。

在iPod数码音乐随身听获得极大成功后，苹果又相继推出iPod II，iTouch、iPod mini等很受欢迎的产品。2011年4月份苹

和创造世界名牌的人

一起放飞梦想

Let the dream fly

果公司已经成为全球市值最高的上市公司。

自从2007年苹果公司推出了iPhone手机之后，乔布斯的创意接连不断：2008年6月9日发布了新一代iPhone3G，顿时引起了轰动，人们都开始近乎疯狂地抢购；2010年4月3日，iPad上市，首月销量100万台。2010年5月26日，苹果公司的市值就已经达到2200亿美元，迅速超过微软成为全球科技界市值第一的企业；2010年6月24日，最新的iPhone4首发，首日销售100万部。

2012年苹果用户已经达到5亿多。2013年9月，在全球百大品牌排行榜中，苹果公司的品牌价值为983.15亿美元，位居榜首。到2013年11月，在《福布斯》网站上发布的2013年度全球最有价值品牌的100强排行榜中，苹果公司再次以1043亿美元的品牌价值位居榜首。到2013年年底，全球的苹果用户已经快要增加到6亿了。2014年全球的苹果用户仍然会稳步增长，所有的苹果迷都由衷地热爱那个被咬了一口的"苹果"。

第二节　苹果教父乔布斯

活着就是为了改变世界。

——史蒂夫·乔布斯

被世界各地苹果电脑和手机的追随者们亲切称为苹果教父

的乔布斯全名为史蒂夫·保罗·乔布斯（Steve Paul Jobs），他生于1955年，2011年10月5日因胰腺癌去世，享年56岁。

史蒂夫·乔布斯是21世纪举世闻名的发明家、企业家，是风靡全球的美国苹果系列电脑、手机以及平板电脑的发明人；是美国苹果公司联合创办人。他先后领导并推出了麦金塔计算机、iMac、iPod、iPhone、iPad等风靡全球亿万人的电子产品，这些产品深刻地改变了现代通讯、娱乐乃至生活的方式。

乔布斯凭敏锐的触觉和过人的智慧，勇于变革，不断创新，把电脑和电子产品变得简约化、平民化，让曾经昂贵稀罕的电子产品变为现代人生活的一部分。

史蒂夫·乔布斯曾是苹果公司的前任首席运行官兼创办人之一，同时也是前皮克斯（Pixar）动画公司的董事长及行政总裁。

1985年里根总统授予乔布斯国家级技术勋章；1987年他还获得杰斐逊公众服务奖；1989年被《公司》杂志评为"十大企业家"、拥有313项发明专利；1997年乔布斯成为《时代周刊》的封面人物；同年被评为最成功的企业管理者，是声名显赫的"计算机狂人"；2007年，《财富》杂志评选史蒂夫·乔布斯为年度最伟大商人；2009年被《财富》杂志评选为21世纪前10年美国最佳CEO，同年当选时代周刊年度风云人物之一；2012年获评《时代》杂志美国最具影响力20人之一。

美国总统奥巴马认为乔布斯是美国最伟大的创新领袖之一。微软联合创办人比尔·盖茨认为："很少有人对世界产生像乔布斯那样的影响，这种影响将是长期的。"北大教授张颐武说："他不一定是技术发明的伟人，但他肯定是洞悉人性的伟人。"

纽约市市长布隆伯格给予乔布斯极高评价，认为他的名字将与爱迪生和爱因斯坦一同被铭记。他们的理念将继续改变世界，影响数代人。在过去的40年中，史蒂夫·乔布斯一次又一次预见了未来，并把它付诸实践。乔布斯的热情、信念和才识重新塑造了文明的形态。

1955年2月24日，史蒂夫·乔布斯出生在加利福尼亚州的旧金山市。他的生父是从叙利亚移民至美国的阿卜杜拉法塔赫·约翰·詹达利（Abdulfattah John Jandali）。生母乔安妮·辛普森（Joanne Simpson）读大学时未婚先孕，但是辛普森父亲反对她与约翰结婚。所以，乔布斯出生后，就被生母辛普森送给旧金山养父母保罗·乔布斯（Paul Jobs）和克拉拉（Clara）领养。乔布斯的养父母是加州蓝领工人，他们尽心竭力地为乔布斯创造尽可能好的教育环境。

乔布斯是个极其聪明的孩子，从小便跟随父亲摆弄机械工具，并学会了追求精致。乔布斯5岁入学，但对他来说，规规矩矩坐在椅子上听课是件令人难过的事。幸运的是在那里他遇到了他人生的启蒙老师希尔夫人，她帮助乔布斯找到学习的乐趣，并在电子机械方面有所建树。

由于在小学的出色表现，校方建议乔布斯直接上高中，但他的父母为了他能健康顺利地发展，只让他跳了一级，成为山景城克里滕登中学六年级的学生。遗憾的是，优异的学习成绩和良好的表现都没能延续，乔布斯对课堂学习失去了兴趣。

19岁那年，乔布斯只念一学期就休学了，成为雅达利电视游戏机公司的一名职员。他借住在朋友沃兹尼亚克家的车库，常到社区大学旁听书法等课程。

史蒂夫·乔布斯一边上班，一边常常与沃兹尼亚克一道，在自家的小车库里琢磨电脑。他们梦想着能够拥有一台自己的计算机，可是当时市面上卖的都是商用计算机，不但体积庞大，还极其昂贵，于是他们准备自己开发。1976年4月1日，乔布斯与史蒂夫·沃兹尼亚克在自家的车库里成立了苹果公司。公司的名称由偏爱苹果的乔布斯一锤定音，称为"苹果"。

苹果公司成立初期，生意很清淡。直到1976年7月，零售商保罗·特雷尔（Paul Jay Terrell）来到车库，当他看完乔布斯演示电脑后，认为苹果公司大有前途，决定订购50台整机，这是苹果公司的第一笔"大生意"。

1980年12月12日，苹果公司股票公开上市，不到一个小时的时间，460万股被抢购一空，那一天，苹果公司就产生了4名亿万富翁和至少40名的百万富翁。

由于乔布斯的经营理念与当时大多数管理人员不同，加上IBM公司推出个人电脑，抢占了美国大片市场。总经理和董事们便把这一失败归罪于董事长乔布斯，1985年4月经由董事会决议，撤销乔布斯的经营大权。乔布斯几次想夺回权力均未成功，便在1985年9月17日愤然离开苹果公司。

从苹果公司辞职之后，1986年乔布斯用1000万美元从乔治·卢卡斯手中收购了Lucasfilm旗下的电脑动画工作室，成立了皮克斯动画工作室。经过十年的发展，皮克斯公司成为众所周知的3D电脑动画公司，并在1995年推出全球首部全3D立体动画电影《玩具总动员》。皮克斯电脑动画公司已在2006年被迪士尼收购，乔布斯因此成为迪士尼的最大股东。

1996年苹果公司的经营逐渐陷入困局，市场份额也由鼎盛的16%跌到4%。与苹果公司的这一现实同时存在的是乔布斯的皮克斯公司由于《玩具总动员》而名声大振，个人身价达到10亿美元。但是乔布斯毅然在苹果公司危难之时决定重新回来。回来后的乔布斯大刀阔斧进行改革，停止了不合理的研发和生产，结束了微软和苹果多年的专利纷争，并全力研发新产品iMac和OS X操作系统。

1997年，史蒂夫·乔布斯推出苹果iMac。随后苹果又推出Mac OS X操作系统。面临2000年的科技股泡沫，乔布斯又提出将PC设计成"数字中枢"的先进理念，并先后开发出iTunes和iPod，同时也开始在黄金地段开设专卖店，并大获成功。

随后，Apple TV和iTunes Store等一系列产品受到了市场的好评和认可。2007年6月29日，苹果公司又推出自行设计的iPhone手机，iOS系统、iPad平板电脑等。2010年6月，又发布第四代产品iPhone 4，苹果手机每次上市都会引起全球消费者的疯狂和销售热潮。

2011年8月24日，史蒂夫·乔布斯向苹果董事会提交辞职申请，他的职位由蒂姆·库克（Tim Cook）接任。

2011年10月6日，苹果董事会宣布前行政总裁乔布斯于当地时间10月5日逝世。

从1975年创建"苹果"以来，通过不断努力创新，乔布斯编织了一个属于自己的苹果神话。美国媒体曾这样评价他：如果说其他高手是在追随消费者的品位，乔布斯则是在引领消费者的品位。

凭着火热的激情、绝妙的灵感、如磐石般坚定的决心，乔布斯创建了世界知名的企业——苹果公司。他还成功地培养了另外一家影响力巨大的公司——皮克斯。在乔布斯辉煌的职业生涯中，在家用电脑、音乐和电话等领域掀起了影响深远的数字革命。乔布斯的团队成员都是像他那样的拥有激情和专业技术的高手和大师。

乔布斯曾经这样说："只有静下心来回顾过去的时候，你才能将从前的一点一滴串联起来。因此你必须相信，那些貌似不起眼的小点滴一定会在未来的某个时刻、某个情况下被连起来，成就你的灵感。你需要坚信一些元素——比如你的勇气、决心、活力、激情，等等。而最重要的是，你要有勇气追随你的心声、相信自己的直觉。"

也许正是因为有这样的信念，乔布斯的灵感才能如充满活力的泉水般勃然喷发，他认为一个人"活着就是为了改变世界"。

Steve Jobs

第二章　我生来就是
改变世界的

Steve Jobs

第一节　乔布斯的"工作台"

让内在的直觉和激情引导自己的生命航程。

——史蒂夫·乔布斯

一个令老师头疼的捣蛋鬼、超级恶作剧专家、大学中途辍学的学生，是怎样变成一位成功人士的呢？这个人不仅领导了世界上最有创新精神的企业，还因为其天才的创造力而被世人尊敬。这个人就是史蒂夫·乔布斯。

1955年2月24日，乔布斯在加利福尼亚州的旧金山市出生。由于生母未婚先孕，乔布斯一出生就要被人领养。乔布斯的生母为他寻找领养家庭时，坚持要求领养孩子的夫妇必须是大学毕业生。即使不是大学生，也要保证将来会送这个孩子读大学，只有这样才同意对方领养乔布斯。

后来，保罗·乔布斯和克拉拉领养了小乔布斯。

尽管对他们来说，孩子的教育费用是一个大问题，但他们还是做出了承诺——保证让孩子读大学。在之后的日子里，为了兑现当初的承诺，乔布斯的养父母勤奋工作，甚至为了能让孩子获得更好的教育而不断搬家、换工作。

乔布斯从小就是一个精力充沛的孩子，他想象力丰富，对世界充满好奇。在乔布斯蹒跚学步时，就经常在凌晨4点醒

来。为了避免小乔布斯把全家吵醒，他的父母给他买了一个可以摇着玩的木马，还在他的房间里放了一台留声机和一些唱片，这样在那些清晨的时光里，小乔布斯就可以变着花样地、安全地"摇滚"了。

乔布斯的养父是一个出色的机械师，他在车库里有一个工作台。当乔布斯五六岁的时候，养父就在工作台上划出了一块属于小乔布斯的"工作台"，这样父子俩就可以分享他们各自关于创造的乐趣了。养父传授给小乔布斯的，不仅是他对电子产品的痴迷，还有他对工艺精致性的完美追求。

乔布斯曾经这样评价自己的养父："他可以修好任何东西，让它们重新变得有用，还能将任何机器拆开，再重新组装起来。这可以说是我在制造业方面的启蒙。发现我开始对电子设备感兴趣后，他就总给我带回来一些东西，让我练习拆开再组装。"

第二节　乔布斯生命中的圣人

> 年轻的时候，一点小小的修正，会让你受益终身。
>
> ——史蒂夫·乔布斯

随着乔布斯一天天长大，他在机械方面的兴趣越来越浓厚。5岁的时候，他和其他的小伙伴一起在山景城的一所小学开始了他的学习生涯。虽然那时他已经学会阅读，还会制造东西，但仍然感到上学是一件难事。因为在学校里，乔布斯必须保持挺直的姿势坐在桌子前，从早上一直坐到午后。他厌恶这种拘束、刻板的环境，感到非常不适应。

谈起那段时光，乔布斯说："我感受到了一种权威，它在我之前的生活中从未出现过，我很不喜欢。我感到这种约束似乎马上就要摧毁我所有的好奇心。"同时，乔布斯很不合群，总是独来独往。在家里，只要事情不符合他的心意，他就立刻又哭又闹。在学校里，他这种做法让他很难与同学们相处。他觉得学校的生活简直就是浪费时间，而他排解无聊的方式就是制造恶作剧，日复一日不停地制造许许多多的恶作剧。

他和他的恶作剧小伙伴们曾经把蛇放在教室里，结果把同学们吓得到处乱跑，他们甚至还在老师的桌子下点燃鞭炮。结果，在四年级时，乔布斯遭遇到校长对他的"开除"危机。那时，一位名叫伊莫金·希尔夫人的教师主动提出要教乔布斯。希尔夫人不但化解了乔布斯的"开除"危机，并被成人后的乔布斯称为他自己"生命中的圣人之一"。

希尔夫人自幼年开始就非常热爱戏剧表演，所以她也不是一位墨守成规的教师，她充满了激情。当她选择去帮助乔布斯的时候，她的心里已经有了打算。刚开学的几个星期里，她向乔布斯发出了一个挑战：如果乔布斯把数学作业本带回家，独立完成作业，并且做对其中80%的题目，她就会给乔布斯一个巨大的棒棒糖再加上5美元。乔布斯接受了这个挑战，并成功

地达到了老师的要求，得到了大棒棒糖和5美元。乔布斯说：
"她用一个月就摸清了我所有的情况，并且点燃了我对学习的
热情。"

　　乔布斯回想起这位老师的时候说："她送给我制造相机
的工具，我造出了自己的镜头，并组装了一架照相机……我觉
得，那一年是我这一辈子在学校里最用功的一年。"

　　有希尔夫人当老师的四年级成了乔布斯人生的一个转折
点。在1995年的一次采访中，他说："我百分之百确定，如果
没有四年级时的希尔夫人和其他几个人，我到头来都有进监狱
的可能。我能感觉到我做事时的一些倾向，它们也许会引导我
精力充沛地做出一些大家认为很棒的事情，也可能会导致我做
出一些人们不会喜欢的事情。"乔布斯接着说："因此，当你
年轻的时候，一点小小的修正，会让你受益终身。"

　　这一学年结束的时候，乔布斯成绩优异，在考试中得到了
很高的分数，学校建议他直接升入高中。不过，乔布斯的父母
不同意，他们认为让一个11岁的孩子提前进入高中并不是个好
主意，他们只同意让他跳了一级。于是，在1966年的秋天，乔
布斯成了山景城克里滕登中学六年级的学生。

第三节　乔布斯的邻居拉里·朗

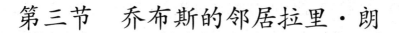

　　通过探索和学习，一个人可以理解身边
一些构造非常复杂的事物，这会让人产生极
大的自信心。

——史蒂夫·乔布斯

　　随着硅谷的兴起和发展，山景城因为地理上的优势越来越吸引那些工程师、设计师、电气技术员、教授，甚至很多科学家都陆陆续续地搬到山景城来居住。这样，山景城为乔布斯提供了很多学校以外的学习机会。乔布斯拥有超常的智慧，又对电气和电子设备非常痴迷，而山景城恰好能满足他巨大的好奇心。

　　12岁的一天，乔布斯家旁边搬来了一对新邻居——一位刚结婚的年轻工程师和他的妻子。乔布斯这样描述他们的初次见面："一个男人带着他的妻子，搬到了我们这条街上……他原来是一位在惠普公司工作的工程师，是一个超级无线电爱好者和铁杆电子迷。他用了一个很奇怪的方式来认识街区里的孩子们：他拿出了一个话筒、一块蓄电池和一个扬声器，将它们放在他家的路边，在那儿你可以对着话筒说话，然后被放大的声音就会从扬声器中传出来。"这个工程师的名字叫拉里·朗。

从那次令人印象深刻的见面以后，乔布斯就经常和朗一起待在车库里——那里也是朗的电子车间。

1995年的一次采访中，乔布斯回想起朗对他的影响时说："他还教了我很多电子的知识……他擅长使用希斯工具盒……希斯工具盒是一个工具套盒。希斯工具盒带有操作手册，它会详尽地解释组装原理，所有零件都按一定的方式排列并以颜色编码。有了希斯工具盒，你就可以自己动手组装东西了。可以说，它能教给人很多东西。它让人懂得一件成品的内部构造和工作原理，因为它包含了操作的理论。但是，也许最重要的是，这个工具盒让人意识到自己可以制造出在整个宇宙中所见到的任何东西，这些东西变得不再神秘。比如，你看到一台电视机，你会想：'好吧，我还没造出一台电视机，但是，我可以做到。'"他还说："因为希斯工具盒，事物变得更清晰了……并不是出现在人们周围的东西本身有多神秘，而是因为人们不知道它们的内部结构是什么样子，它们才显得神秘。而通过探索和学习，一个人可以理解身边一些构造非常复杂的事物，这会让人产生极大的自信心。从这个角度看，我的童年非常幸运。"

从那些消磨在车库的时光里，乔布斯学到了很多，而朗对他的影响还不仅如此。1967年，这位工程师还把乔布斯带进了惠普公司的"探索者俱乐部"。探索者俱乐部的活动向那些崭露头角的青少年工程师们开放，每周二晚上在惠普公司的餐厅中进行。在那个年代，像惠普这样的公司迫不及待地想要跟年轻人分享所有他们研发出来的新技术和新产品。

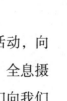

惠普公司的各种工程师都来参加探索者俱乐部的活动，向年轻人描述他们正在做的最新项目——计算器、激光、全息摄影，等等。乔布斯回忆起一次特殊的聚会时说："他们向我们展示了一台最新的台式电脑，并让我们操作它。我太想要一台了！……我觉得电脑真棒，我一心想摆弄一台。"

第四节 结识史蒂夫·沃兹尼亚克

> 你必须相信，那些貌似不起眼的小点滴一定会在未来的某个时刻、某个情况下被连起来，成就你的灵感。
>
> ——史蒂夫·乔布斯

乔布斯对电脑的世界越来越着迷，但遗憾的是，他所就读的中学并不能让乔布斯对"外面的"世界着迷。对11岁的乔布斯来说，他的新学校并不是一个让他开心的地方。现在，他被学校称为"神童"，但他并没有被安排与他同龄的天才儿童同班，而是被放到了一个由比他大得多的孩子组成的班级。学校本身也没有做出任何能够帮助他适应环境的努力。更糟糕的是，学校里还有一群真正的闹事者。乔布斯的一本传记中写道："警察被叫到学校里来制止打斗，因为形势已经失控了。童年的乔布斯是个极度聪明但同时又有点儿野性的孩子，但在

这样的一个环境里，他非常不快乐。在混乱中，他的野性不知不觉地消失了，同时消失的还有他超常的智力。"

在这所中学，乔布斯饱受欺辱，他非常痛苦。于是，在升入七年级前的那个暑假，他告诉父母，他再也不想回那个学校了。他必须转学，否则他就再也不读书了。从乔布斯出生以来，乔布斯的养父母——保罗和克拉拉已经在旧金山南部郊区搬过两次家了。但这次他们还是同意了乔布斯的要求，因为他们想为孩子找到一个更好的学习环境。1967年，乔布斯一家搬到了旧金山郊外更偏南的山谷地区——洛斯阿尔托斯，这里离保罗工作的地方更近了。而且，乔布斯也因此进入了库比蒂诺学区，这一地区在当时的名气远远超过了山景城。

现在，乔布斯进入了一个更好的学校，按理说，他的学校生活应该有所好转。可是事实并非如此。乔布斯比同年级的同学要小一岁，虽然他的身边也有一些像他一样非常聪明的孩子，但他还是没能很好地融入到同学中去。

参加兴趣小组和运动能帮助孩子更容易地交到新朋友，但乔布斯对这些根本不感兴趣。他唯一的体育活动就是在老社区的山景城海豚游泳俱乐部游泳，但是，游泳并不是一项团体运动，因此，乔布斯便成了同龄孩子中的独行侠。

幸运的是，乔布斯还是交到了朋友，他就是比尔·费尔南德斯。他和乔布斯同班，与乔布斯相比，比尔的年龄大一点，性格也很孤僻，他也对运动不感兴趣。和大部分周边居民一样，他们家的车库也被改造成一件装备良好的电子车间。比尔家的房子恰好坐落在乔布斯上学的必经之路，也是乔布斯放学后经常逗留的地方。

因为两个孩子都对电子学非常感兴趣，乔布斯和比尔成了亲密的朋友。一次，比尔将乔布斯介绍给住在他们家街对面的沃兹尼亚克一家。比尔所有电子方面的知识都是杰里·沃兹尼亚克教给他的。杰里不光教自己的孩子技术方面的知识，还乐意与周围所有对此感兴趣的孩子一起分享。

比尔告诉乔布斯，杰里最大的儿子是一个电气和电子方面的神童，而且他的名字也叫史蒂夫。18岁的史蒂夫·沃兹尼亚克出生于1950年，比史蒂夫·乔布斯大5岁，大家都叫他"沃兹"。沃兹已经迷上了电子学，他画了很长一段时间的电脑设计图纸，并常常在斯坦福大学的图书馆里研读技术方面的书籍。

沃兹这样回忆他和乔布斯的见面："我记得，乔布斯和我一起坐在比尔家门前的人行道上，坐了很久，只是分享彼此的故事——大部分是讲我们的恶作剧，当然还有我们做过的那些电子设计。我们竟然有这么多共同点。一般情况下，我很难向人们解释清楚我做出的设计，但是乔布斯一听就明白了。我很喜欢他，他是个瘦瘦的男孩，但是身上却充满了活力。"

比尔和乔布斯热衷于做一些像发射激光并用镜子让光线反射那样的研究，他们喜欢欣赏被镜子反射在墙上的光线。

每周二晚上，乔布斯仍然会去参加惠普的探索者俱乐部。有一段时间，大概是在他12岁或13岁的时候，他决定要做一台频率计数器，这是用来测量一个电路中一定时间内通过的电子频率的仪器。但是，乔布斯发现他想做的这台仪器需要一

些非常专业的零件。

接下来，他大胆地做了一件异想天开却又合情合理的事情。乔布斯回忆道："有一天，我拿起电话，打给了比尔·休利特——惠普公司的创始人之一。他的电话是登记在电话簿上的。他接起了电话，态度非常友善。他和我聊了20分钟。虽然他完全不知道我是谁，但最后还是给了我那些零件，并给我提供了一个暑期在惠普流水线上打工的机会。那条流水线就是用来组装频率计数器的。组装是一个很庞大的工程，我只是在里面拧螺丝。但是没关系，我感觉已经置身天堂中了。"

Steve Jobs

第三章　寻求自我的青年时代

Steve Jobs

第一节 "电线脑袋"

> 你的时间有限，所以不要为别人而活，
> 不要被教条所限，不要活在别人的观念里。
>
> ——史蒂夫·乔布斯

1968年，乔布斯进入家园高中上学。20世纪七八十年代是美国社会和文化发生剧烈变化的一个时期，发生了很多影响深远的事件——马丁·路德·金被刺杀、肯尼迪总统遇刺身亡等。随着这些事件的发生，青年人开始寻找新的方式来思考生命。对乔布斯来说，这些无疑是好事，追求自己的梦想或做自己想做的事再也不会被认为是很古怪的事情。而且，在这个遍地是科技产业的社区，痴迷电子学的人也不再被当成怪人了。

在家园高中，有一门课程受到了这些"电线脑袋"的追捧，那就是约翰·麦科勒姆主讲的电子学。麦科勒姆曾经是沃兹的老师，所以沃兹建议比尔和乔布斯一起去上这门课。麦科勒姆是一名海军飞行员，也许出于这个原因，他总是要求学生遵守那些苛刻的规则。在麦科勒姆的课堂上，乔布斯感觉到那种不容置疑的权威重新出现在他的生活中。尽管事实上，他从麦科勒姆的课程中受益良多，但他还是很不开心，而麦科勒姆同样不喜欢乔布斯。

后来，麦科勒姆说："他就像隐藏在背景之中一样，总是待在一个角落里埋头做自己的事情，压根不想和我或者班上的其他同学有任何交流。"高二结束的时候，乔布斯决定下一年不继续上麦科勒姆的课了。他对文学课更感兴趣。他花了大量的时间阅读诗歌、听音乐、看电影。"我开始对莎士比亚、迪兰·托马斯和所有经典的东西感兴趣。"

在那一学年里，乔布斯的生活环境再一次给他提供了学习的机会。这一次是哈尔泰克——山景城一家规模庞大的电子设备商店。当时，很多当地的科技公司会将那些停产或积压的零件低价抛售，哈尔泰克的存货大部分就是从这里来的。"电线脑袋"们总是从堆积如山的零件中细致地挖掘出自己所需的部件，来制造他们自己的电子设备。比尔和沃兹总是频繁地扫荡这家商店，连犄角旮旯也不放过。对于那些痴迷于电子的人来说，哈尔泰克简直就是世界上最棒的玩具店和糖果商店的结合体。

乔布斯喜欢在哈尔泰克消磨时间。在这里，他学会了所有零部件的用途，了解了它们的成本，并且懂得识别质量的好坏。从那时起，他便会利用比较低的价格买进一些零件，再以较高的价格把它们卖出去，这也许是受他养父的影响：当年他的养父就热衷于修好破旧的汽车，再将它们卖出去，从中盈利。

在乔布斯的坚决要求下，哈尔泰克商店的人同意雇用他。于是，在高二那年，他便每周都来这家商店打工。比尔当时正在帮助沃兹制造一台电脑，所以他们也经常来逛哈尔泰克商店。乔布斯不光对沃兹正在制造的电脑非常感兴趣，也对沃兹这个人产生了浓厚的兴趣。"他是我见过的第一个比我还懂电子学的人。"

除了对电子学共同的爱好，乔布斯和沃兹还有很多共同点。他们都被认为是不合群的人。他们绝顶聪明，而他们感兴趣的东西，很多人根本就没有耐心去了解。他们都喜欢音乐。乔布斯一直以来都是甲壳虫乐队的歌迷，而在沃兹的引导下，他开始疯狂地收集有关歌星鲍勃·迪伦的一切——他的歌词、歌曲、独特的演唱风格，以及他思考问题的方式。

"乔布斯和我迷上了听鲍勃·迪伦的歌曲、读他的歌词，我们总想分出甲壳虫和迪伦究竟谁更棒。我们都很喜欢迪伦，因为他的歌关乎生命、生活、生命中的价值，以及什么才是真正重要的……对我们来说，迪伦的歌触动了内心之弦。"而最棒的是，乔布斯发现沃兹也是一个非常善于搞恶作剧的人。在恶作剧上的聪颖与天分，让乔布斯顿时感觉到自己遇到了同类。

和创造世界名牌的人

一起放飞梦想

Let the dream fly

第二节　与沃兹经营"蓝盒子"

> 我坚信让我一往无前的唯一力量，就是我热爱我所做的一切！
>
> ——史蒂夫·乔布斯

1971年，沃兹在《君子》杂志上读到了一篇文章——《小蓝盒的秘密》。文章探讨了当时那些电子"巫师"间的一种潮流，他们制造并使用一种电子装置"骗过"电话公司，用来拨打免费的长途电话。这些电子迷被称为"电话飞客"，当然，他们的这种行为是违法的。

沃兹之前设计的对讲系统线路与电话线很相似。当他读到这篇文章时，他意识到，并不是只有他在用电子技术愚弄世界。"这些人可以实现……在贝尔的电话系统中任意拨打免费电话。"

沃兹非常激动，他马上将这篇文章读给乔布斯听。于是，他们一头扎进了斯坦福大学的图书馆，在那里，他们找到了一本详细介绍电话系统怎样工作的手册。经过周密的计划，沃兹开始制造一个"蓝盒子"。多年来，他一直在设计和绘画他想要制造设备的草图，现在，他的机会来了。

当沃兹告诉乔布斯制造"蓝盒子"的计划时，乔布斯马上想到他们可以把"蓝盒子"卖出去。而这样的想法是永远不会出现在沃兹头脑中的。沃兹只是想要制造出他自己的"蓝盒子"，并免费拨打全世界的电话来找乐子。

乔布斯一直在向沃兹灌输这些"蓝盒子"的潜在商业利润，他鼓励沃兹做更多的"蓝盒子"，这样他们就可以出售这些"蓝盒子"，做一笔生意了。他们知道使用这个设备欺骗电话公司是违法的，但是他们还是试着往下做。风险的确存在，但他们希望，之前所做的那些恶作剧锻炼出来的技能可以帮助他们避开监视。

那时候，沃兹正准备离家去大学读书，所以乔布斯用他在哈尔泰克商店打工攒下来的钱买了一辆二手车。

他们长时间待在沃兹的宿舍里，设计这些"蓝盒子"。同时，他们也在计划一个销售这些违法设备的万全之策："我们敲开（宿舍的）门……向不存在的人推销产品。"他们假装宿舍里有人需要一个"蓝盒子"，然后他们会向宿舍里的人描述"蓝盒子"都能做些什么，如果这个学生表示不感兴趣，他们就离开。但是，如果这个学生表现出一点儿兴趣，他们俩可能就找到了一个潜在的消费者，而且这个人基本不会告发他们。

经过演习，乔布斯在哈尔泰克商店练就的技能派上了用场。他们以尽可能低的价格买到零件，组装完成一个"蓝盒子"的成本是40美元。乔布斯决定以150美元一个的价格出售。到第二年，他们还真的小赚了一笔。

有一次，乔布斯的汽车抛锚了，警察停下来帮忙，"蓝盒子"被发现了。警察询问他们，乔布斯和沃兹尽可能把他们自

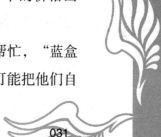

和创造世界名牌的人

一起放飞梦想

Let the dream fly

己说成是无辜的，他们告诉警察，"蓝盒子"其实是一种电子音乐合成器。那次事件再加上其他一些冒险的经历，使得这桩合伙生意宣告结束。

出售"蓝盒子"并不是乔布斯唯一的兴趣，他出现在高中课堂上的时间越来越少，却去附近的斯坦福大学听课。只要他的汽车跑得动，他就会开车到旧金山附近一个满地鲜花的嬉皮士街区，去听那些垮掉派诗人的诗朗诵。他与沃兹和很多当时的年轻人一样，留着一头长发。他穿着破旧的蓝色牛仔裤，他的女朋友说这条裤子的破洞面积比用的布料还多。那时有一本书对乔布斯产生了很深的影响，那就是《全球概览》，这本书补充并扩展了乔布斯的哲学观。

第三节　不安分的大学生活

没有实践的蓝图只能是悲剧！

——史蒂夫·乔布斯

1972年，乔布斯要读大学了。这次，他选择了一所学费昂贵的文理学院——里德学院。为了支付乔布斯的学费，他的养父母背负了高额的债务。但是，当他的养父母收养他时，便做出了送乔布斯上大学的承诺，所以他们在17年后义无反顾地支持了儿子对大学的选择。他们全家人挤在一辆车上，开了将近12

个小时，终于把乔布斯送到了他的新的大本营——里德学院。

一入学，乔布斯就加入到很多同龄人之中，这些人都在探寻一些人生问题：思考的新模式、生活的新方式、观察世界的新角度等。只是，乔布斯从来没有如此探索过他需要学习的科目。他的学科成绩非常糟糕，养父母对他极度失望。他们督促他努力学习，但是，就在圣诞节前，乔布斯说："开学六个月我完全看不到上学的价值。我不知道我想用自己的生命去实现什么，也不知道大学如何能帮我弄清楚这一点。而在这里，我花光了父母毕生的积蓄。所以我决定离开学校，并且相信这样也没有什么不好。"

在里德学院，他建立了两段坚固的友谊，结交了两个挚友——丹·科特基和一个年龄大一些的同学罗伯特·弗里德兰。乔布斯并没有租一间学校的宿舍或当地的房子，他有时在朋友的宿舍里借宿，有时睡在其他辍学生留下的空宿舍里。如果实在找不到免费睡觉的地方，他就会打一些零工，然后在里德学院附近租一个便宜的房间。那时，他唯一要做的就是赚到吃饭的钱。食物和节食是乔布斯探索的另一个领域。

乔布斯和丹成了亲密的朋友，丹并不介意乔布斯的习惯。他们都很聪明，也都被认为与他们的家人格格不入，他们总是一起探寻生命的意义。在乔布斯手头很紧的时候，他就会和丹一起，在星期天的晚上，步行或骑车前往距离里德学院7英里外的一个地方。那里是波特兰市一处与众不同的地方——哈雷·克里希纳寺庙。寺庙向所有访客提供免费的素食。而当乔布斯不绝食、也不去寺庙吃饭的时候，他就只吃里德学院餐

第三章 寻求自我的青年时代

厅里的燕麦和牛奶。也就是从那时起，乔布斯成了一个素食主义者，并在他的余生一直保持着这种饮食习惯。

当乔布斯决定不要继续学习里德学院那些约束他的课程后，他并没有立刻离开，而是在那里又呆了差不多18个月的时间。那段时间里，他选择自己感兴趣的课程学习。在课程之外，他的一些好朋友对他的人生之路产生了重要的影响，其中丹和罗伯特对他的影响是比较大的。

在课程之外，乔布斯经常和丹、罗伯特一起去罗伯特一个亲戚的农场，在农场里有一个很大的苹果园。三个好朋友经常去苹果园拜访，并且很卖力地干活儿，帮着看护果园。

那段在里德学院里的"浪荡时光"，对乔布斯本人及苹果公司的发展都产生了重要的影响，不但刺激乔布斯为电脑公司取名为"苹果"，以至于苹果公司的标志、广告、产品和包装等所运用的元素也受他在此期间旁听课程的影响。关于选择哪些课程，乔布斯说："（里德学院）校园里的每一张海报、每个抽屉上的标签都是用漂亮的手写体书法写成的。因为我已经退学了，不用去上那些必修课，我就决定去旁听一门书法课，学学这个。"

"calligraphy"（书法）一词来源于希腊语，由"美丽"和"书写"两个词语组成。它是一种艺术形式，指借助笔或刷子之类的工具，手写而成的有独特风格的漂亮文字。

里德学院的书法课始于1949年，创始人是一位思想自由、崇尚哲学的教授——劳埃德·雷诺兹。他自学成才，深受学生欢迎。在他的书法课堂上，雷诺兹经常将优美的书法艺术和像

乔布斯和他的苹果

和创造世界名牌的人

一起放飞梦想

Let the dream fly

米开朗基罗这样伟大艺术家的作品联系在一起。他也会从书法课讲到佛教禅宗的思想。

乔布斯旁听这门课的时候，雷诺兹已经离开了里德学院。但是，他精心挑选了他的继任者：一位才华横溢并与他志趣相投的书法老师——罗伯特·帕拉迪诺修士（他就是后来成为乔布斯好友的罗伯特，乔布斯也是因为罗伯特的指引才决定到印度去探索自己的精神之旅的）。这位曾经18年没有开口说话的前僧侣成了乔布斯的老师。帕拉迪诺是这样描述自己的教学风格的："每次我讲授一种风格的书法时，不光会讲到这种书写的方式，还将涉及到这种艺术产生的时代背景。所有这一切都非常重要。"帕拉迪诺还给自己钟爱的艺术下了这样一个定义："书法就是一种穿过周围静谧空间的、有形的音乐律动。"

在课堂上，乔布斯学到了衬线字体和无衬线字体，怎样调整不同字母组合间的间距，怎样设计出完美的版式。这其中蕴涵的美以及在历史和艺术上的精妙之处是科学无法企及的，着实令人着迷。毫无疑问，这位富有灵感的老师，以及他所强调的生命与文字之间的精神纽带，深深影响了乔布斯。对乔布斯而言，这就是一种打破陈规或者称之为"跳出框架"的思维方式，这种新的思想完全占据了他的头脑。

这门书法课显然成了乔布斯人生中至关重要的一段经历。乔布斯的父亲曾经教导他要关注那些最微小的细节，正是这些细微之处，令一个人的创造力变得真正有价值。那些字体在书写时优美的线条，以及字母之间恰到好处的留白，都对乔

布斯产生了很深的影响。

除了书法课，乔布斯甚至还旁听了一堂现代舞课，因为他觉得现代舞设计感十足的动作与电脑视频游戏中物体的运动很相似。虽然，他退学后的生活很拮据，居无定所、缺衣少食，但是他所旁听到的内容对于他的人生以及后来的苹果公司都有重要的影响。

乔布斯和他的朋友们经常谈论如何探索他们的精神之旅，特别是一个名叫罗伯特·弗里德兰的人，他告诉乔布斯他的印度之旅、他对佛教禅宗的研究、他的印度古鲁（即精神导师），以及这一切是怎样影响他的生活的。罗伯特的经历、话语和思想点燃了乔布斯和他朋友们心中的火焰。印度，成了他们下一个目的地。

第四节　一个怪胎打工者

> 人这辈子无法做太多事情，所以每一件都要做到异常精彩。
>
> ——史蒂夫·乔布斯

1974年，乔布斯离开了里德学院，回到他养父母居住的地方，他回家的原因是他想要去印度进行他的"精神之旅"。不过，在那之前，他需要一份工作能赚到足够的钱来承担去印度这项花费不低的活动。

在那个年代，找工作最好的方式就是浏览报纸上的招聘广告。一天，报纸上的一条广告吸引了乔布斯的眼球："享受乐趣、赚取金钱。"看到这条广告，乔布斯的心里想：还有比这种工作更好的了吗？问题是，他怎么能得到这份工作。不过，这种不确定的感觉并没有困扰他。当乔布斯按照报纸上刊登的地址找到那家公司时，那个13岁时曾经给比尔·休利特打电话的男孩又回来了，他还是那么执着而有冲劲。这是一家名叫雅达利的视频游戏公司，已经成立两年了。去面试的当天，乔布斯就被录用了。

雇用他的人叫阿尔·奥尔康，曾经研发了一款视频游戏——《乒乓》。这款游戏为雅达利带来了巨大的成功。多年以后，奥尔康回想起乔布斯时说："一天，人事部门的主管走了进来，说：'我们这儿来了一个怪胎。他说如果我们不雇用他，他是不会离开的。我们是叫警察还是雇用他？'"奥尔康接着说："他打定主意要得到这份工作，他的身上有某种火花、某种内在的力量，以及势在必得的决心。"奥尔康让乔布斯与一名工程师一起工作，这名工程师抱怨说："你们把这个人塞给我干什么？他身上的味儿难闻得要命，还是个嬉皮士。"

但是，奥尔康可以感觉到乔布斯的能力和冲劲，很想让他留下来。雅达利是一家快速发展的公司，他们需要像乔布斯这样的"嬉皮神通"。公司要求他上夜班，和另外一个同事一起工作。乔布斯很努力，并且在为他的旅行攒钱。但后来乔布斯

想，为什么不让雅达利公司来承担他的旅费呢？乔布斯请奥尔康负担他去印度的路费，让他去见他的精神导师。奥尔康觉得这个主意荒谬极了，但是他想出了一个可以共赢的计划：雅达利在德国的设备存在一些问题，当地的技术人员不能解决，他觉得乔布斯可以去帮助他们。奥尔康同意将乔布斯送去德国，让他先在那里工作，挣一些钱，然后从那里出发去印度。

乔布斯接受了奥尔康的方案，并且给一直想和乔布斯一起去印度的好朋友——丹打了电话。他们两人计划，在乔布斯结束德国的工作后，他们便在印度会合。他们将首先拜访他们朋友的精神导师，接着再一起探索印度这个国家。

第五节　听从内心 寻找自我

> 必要时的孤注一掷，远远胜过千万个没有实践的创意。
>
> ——史蒂夫·乔布斯

很久以来，印度便是西方人寻找"内心平静"的地方。20世纪60年代末期，以及20世纪70年代早期，人们热衷于去印度寻找所谓的"开悟"。印度有一些静修所，是精神探索的中心，人们通常会住在那里，进行冥想、瑜伽和其他的学习，希望通过这些方法促成个人的蜕变。一件事情进一步增加了印度对西方人的吸引力，1968年2月，甲壳虫乐队到印度瑞诗凯诗朝圣，他们跟着玛哈瑞诗·玛哈士大师学习了玄奥的冥想。

乔布斯比丹早几个星期来到印度首都——新德里。1974年，印度的人口总数达到了6亿，位居世界第二。乔布斯到达新德里的那个夏天，他看到了一幅巨大的城市夜景图——在昏暗的街道上，接踵而至的人群、鸣着喇叭的汽车、自行车、摩托车都在一侧通行，而街道的另一侧，神圣的牛信步闲庭，它们可以在城市中自由通行。

尽管新德里极具历史和文化的吸引力，这座首都城市却过于拥挤——它并不能为这里几百万居民提供足够的工作、住所和食物。贫困随处可见：需要维修的房屋、堆满垃圾的街道，以及无家可归的人们。有些穷人衣衫褴褛，打着赤脚，双手向外伸出，乞求一点点微不足道的食物。

少年时代，乔布斯曾经穿着破洞的牛仔裤，光着脚到处走，还会好几天不吃东西。现在，他看到了许多破烂衣服、光着脚、忍饥挨饿的人们，但不同的是，这些人没有其他选择。

在等待朋友丹的那段时间里，乔布斯决定沿着恒河——印度最神圣的河，去新德里北面做一次旅行。印度教是印度主要宗教之一，大部分的教徒将恒河视为圣河。恒河的水被认为可以为人们解除罪恶和疾病。人们在恒河中沐浴、洗衣服，恒河也是一些病人或垂死的人的安息之所。人们会将他们死去的亲人运到这里。

乔布斯漫步在恒河岸边，他看到很多孩子叽叽喳喳地在河里刷牙、欢快地互相泼水；像他这般大的人会在河岸上清洗衣服；还有那些病人和将要死去的人也奄奄一息地躺在河边。乔布斯是个思想深刻而又细腻的人，因此这些见闻深深地触动了他。在印度，人们可以在一分钟之内清楚地看到生命的所有阶段，乔布斯也同样，他在一瞬间同时目睹了喜悦、痛苦和心脏停止跳动的景象。

当丹到达印度和乔布斯会合后不久，两人就发现，他们千里迢迢赶来拜访的精神导师——尼姆·卡罗里大师，已经在前一年的秋天就过世了，这时，他们真切地感受到了痛苦的滋味。尽管非常失望，他们还是找到了一个地方，并在那里住了一个月。他们读书、思考、冥想，并在附近的村庄中散步。

当时是夏天，是印度一年中最酷热的季节。他们打探到了另一位古鲁。既然拜见一名古鲁就是他们的任务，他们决定徒步数英里前往古鲁居住的村庄。那是条崎岖不平的羊肠小路，举步维艰。尽管穿着凉鞋，他们的脚还是被磨得很粗糙，身上的棉布衣服也挡不住烈日的炙烤。终于，他们找到了那位古鲁，却发现他只不过是个平庸的人。他们向他提问，得到的答案非常空洞，缺乏深度。他们离开那位古鲁的村庄时正下着倾盆大雨，天空漆黑如泼墨，只有闪电时他们才能看到光亮。恐惧、疲惫让他们变得浑身虚弱，他们知道离开印度的时候到了。

回想起那次旅行，乔布斯说："在印度我们没有继续寻找那种住一个月就可以得到开悟的住所。那是我第一次想到，也许托马斯·爱迪生对世界进步所做的，远远超过了尼姆·卡罗里大师。"托马斯·爱迪生因为发明灯泡、留声机而闻名，这些发明改善了全世界人们的生活。尼姆·卡罗里大师是一名精神导师和思想家，他将智慧传授给他的追随者。乔布斯的意思是：爱迪生真正"做出了"一些东西，并以他的方式对世界做出了贡献；而尼姆·卡罗里大师的重要性在于他的思想，而不是实实在在的东西。

从印度归来，乔布斯仍追求着自我价值的发现。印度教的信条和实践以及佛教禅宗比以前更深刻地影响着他。他决定要找到自己的古鲁。在这段寻找的过程中，乔布斯频繁往返于加州和俄勒冈州的农场。在农场里，他在一间谷仓里装备了一套强大的电力系统，使谷仓变成了一个车间，乔布斯和他的朋友们在那里制造并销售木炭焚烧炉——在1971年那本《全球概览》中介绍过这种形式的炉子。当他的朋友罗伯特看到乔布斯的成果时，他都惊呆了。他并不知道乔布斯可以完成这样的技术性工作。虽然他们是很熟的朋友，但是乔布斯从来没有告诉过罗伯特他在电子方面的专长和热情。

在加州的洛斯阿尔托斯，乔布斯找到了一名禅宗的导师和一个禅宗活动中心。乙川弘文是这家禅宗中心的负责人。乔布斯开始越来越多地与乙川弘文相处，无论是在中心还是在乙川的家中。乔布斯还跟随乙川到加州的一个佛教禅宗的寺庙里进行冥想，乙川是那里的老师，而乔布斯在那里如饥似渴地学习乙川传授的知识。

在他的一生中，乔布斯都认为冥想是至关重要的。通过冥想的练习，让高速运转的大脑和身体放松下来时，可以达到一种内心平静的境界，这样，他可以更清楚地认识事物，内在的

本真和生命应该选择的路径就会缓缓地浮现出来。

那时，乔布斯的生活中发生了两个重要事件。首先，他一直在努力地发现自我，其中一个关键的问题便是——谁是他的亲生父母？如果他了解更多关于他们的情况，也许他的那些怪癖就可以得到解释。后来，乔布斯不想让他的养父母认为自己背叛了他们，他打消了寻找亲生父母的念头。

第二件事就是乔布斯询问乙川弘文，他是不是应该去日本，进入寺庙修行。乙川则建议乔布斯继续探索自己的精神世界，但仍要留在商业界里工作，因为作为乔布斯的精神导师，乙川已经在乔布斯身上发现了一种强烈的欲望——即强烈的创造力，一种想要改变世界的创造力。

Steve Jobs

第四章　　问鼎电子科技

Steve Jobs

第一节　"阿尔泰"问世

是否有坚持不懈的毅力是决定创业成败的最重要的因素。

——史蒂夫·乔布斯

1975年初，乔布斯20岁了。无论他打算怎样走一条有创意的道路，首先都要找一份工作。于是，他回到了之前工作过的公司——雅达利。

像其他我行我素的人一样，乔布斯穿着很有个性的衣服来到了雅达利的办公室。他从不梳头，也不穿鞋，甚至身上的衬衣也是脏兮兮的。当他走进办公室的时候，他就像一位印度的智者，打着赤脚，身披一件橙色的花里胡哨的长袍。同事们热情地欢迎他的归来，而且并没有对他的衣着感到惊奇。

乔布斯也与他的好朋友沃兹重新取得了联系，沃兹从1973年开始就一直在惠普公司工作，他曾经梦想的工程师职业已经成为现实。当乔布斯身在印度的时候，沃兹还在继续做那些他喜爱的事情：设计各种各样的电子项目，并尝试制造他自己的电脑。他已经成功地将一台廉价的电视接到他的电脑上，作为显示器。他还连接了一台便宜的打字机键盘，可以很容易地将信息输入电脑。沃兹主要的目的是造出一台人人都能买得起的

个人电脑，这台电脑将使用最少的零件，却能做最多的事情。那个时代的电脑只能通过一种方式输入数据，那就是按一个特定的按钮，关上或者打开前面板的开关。这是一件相当麻烦的事情。

当沃兹沉浸在惠普的工作和自己的业余爱好中时，乔布斯来找他为雅达利做一个额外的项目。当时，乔布斯正在开发一款新的视频游戏——《打砖块》，这是雅达利的创始人诺兰·布什内尔设计的。这款游戏与《乒乓》很像，但在游戏中，需要游戏者"打掉"一堵墙上的砖块。

沃兹同意帮忙，但是他白天需要在惠普工作。于是，他在夜里与乔布斯并肩埋头苦干。让他们颇有压力的是，这个项目只给他们4天的时间，而且要尽可能地使用最少的硅芯片。沃兹不知疲倦地进行着设计，而乔布斯则专心致志地布线、安装游戏所需要的芯片。通过努力，他们最后完成了这个工作，但是沃兹回忆说："结束的时候，乔布斯和我都患上了单核细胞增多症。"在一起工作的时候，两人也会聊天，乔布斯告诉沃兹，雅达利非常希望在他们的视频游戏中使用新问世的微处理器。

1974年，随着那些足以永远改变电脑产业格局的新发展和新突破，电子产业出现了大繁荣的景象。其中一个最重要的时刻出现在1974年的夏天，英特尔公司宣布他们创造出了微处理器。微处理器提高了电脑的速度和性能，并缩小了电脑的尺寸。这一微小却有力的薄片是一台电脑的"司令部"。它的出现也意味着家用电脑比以往任何时候都更有可能成为现实。

微处理器的使用及普及是否会成功，沃兹并没成百分之百的把握，但是，他清楚地知道，在游戏中使用微处理器，就相当于将一台微小的电脑安装在游戏里面——这一行为潜在的价值令他感到兴奋、鼓舞。

其他人似乎并没有对计算机世界表现出特别的兴趣。他们并不知道正在发生的一切，而那些生产巨大的中央处理器的公司，也固执地认为商业和工业才是小型电脑该有的市场，他们觉得人们并不需要在自己家里放一台电脑。

但是，那些住在硅谷的电子天才们则不这么想。凭借着当时所有先进的技术，一个主要由加州的电脑迷们组成的俱乐部出现了，他们和其他爱好者以及那些梦想着制造出自己的电脑的工程师分享和出售自己的创意。他们自称为家酿计算机俱乐部，并于1975年3月，在门罗公园中戈登·弗伦奇的车库里召开了第一次聚会。

这个最初只有30名成员的俱乐部迅速成长，很快就拥有了几百名参与者，他们的聚会场所换到了门罗公园里的斯坦福线性加速器中心。

一些业余爱好者对这一领域的进展十分感兴趣。在聚会的时候，他们讨论那些正在制造家用电脑的新公司，而这些家用电脑的价格，普通人仍然负担不起。

最初，乔布斯并不像沃兹那样痴迷于家酿计算机俱乐部。从一开始，沃兹的价值观就和俱乐部十分吻合："我们认为，低成本的电脑会让人们做许多他们从未想过的事情……从这点上说，我们是革命者……人们的生活和沟通会因为我们而改变，而且是永久性的改变，任何人都无法准确地预言这种改变……就像我所说，几乎所有大型的电脑公司都公开表示过，我们所做的事情无关紧要。但结果证实，他们错了，我们是正确的——而且自始至终都是正确的。但早在20世纪70年代，就连我们自己都不知道我们有多么正确，也不知道这将对未来产生多么巨大的影响。"

1975年1月，一台被命名为"阿尔泰"的家用电脑问世了。

乔布斯这样评价这件事："某个人已经通过某种途径真正地制造出了一台你可以拥有的电脑，这对我们这些人来说，简直太奇妙了！这是前所未有的事情……但是，就是现在，有史以来第一次，你可以真正地买到一台电脑。阿尔泰在1975年左右问世，只卖不到400美元。"人们可以购买整机，或者购买它的全套组件。"阿尔泰"一上市就受到大众欢迎，研发它的公司从没想到过会卖出那么多台电脑，而家酿计算机俱乐部的成员却觉得"阿尔泰"还有许多值得改进的地方。"阿尔泰"是一台装在金属盒子里的电脑，它的前部装满了各种开关和指示灯。至于显示器、键盘，以及存储能力，这台小型电脑还不具备。

第二节 "苹果"诞生

> 即使我们损失了所有的钱，但我们将有一家公司。这是我们生命中第一次要拥有一家公司。

——史蒂夫·乔布斯

"阿尔泰"家用电脑的问世，以及计算机方面的重大突破让乔布斯有了一个主意——成立一家自己的公司。他需要做的就是说服沃兹。乔布斯明白，如果他想在技术上获得成功，那么沃兹就是他必须选择的朋友和合作者。因为对乔布斯来说，选择沃兹做他的搭档是一个符合逻辑的明智选择。他们俩有着同样的目标——为普通大众制造出一台便宜的电脑。乔布斯想到了像沃兹这样的人、快速发展的家酿计算机俱乐部和《全球概览》的那些忠实读者们。他发现了一种方式，可以满足所有人的不同需求。

乔布斯发现，专业的技术人员缺少时间和财力去设计和制造他们自己的计算机。但是，如果他们可以买到一个经过初步设计的电路板——这块电路板上装载了一台电脑所有的内部组件，这样他们就可以省下时间和精力去进一步突破。

乔布斯预见到，沃兹设计的完美的电路板将会成为一个畅销产品。因为沃兹是一个完美主义者，他埋头制造电路板上精密的线路，力求实现小而高效。他将电线焊接在电路板上，而不是绕在上面，这样电路板上就不会出现难看的电线。将沃兹的电路板批量生产并销售，使其进入商业领域，就是下一步应该做的事情。

1976年的1月到2月期间，乔布斯一直在跟沃兹讲他的生意规划。乔布斯承诺说，沃兹仍可以留在他心爱的惠普公司工作，而乔布斯也会继续去雅达利上班。他告诉沃兹，他们可以在业余时间从事商业研究和经营。非常害羞的沃兹担心乔布斯会让自己去推销产品，乔布斯立马表示推销的事情由他来搞定，而沃兹只需研发产品，得到的收益他们五五分成。

一天，他们坐着乔布斯的大众汽车飞驰在85号公路上，乔布斯突然明白了要怎样劝说他的朋友。"我记得乔布斯当时是这么说的，就好像事情发生在昨天一样，"沃兹回忆说，"'即使我们损失了所有的钱，但我们将有一家公司。这是我们生命中第一次要拥有一家公司。'那句话说服了我。而且我一想到我们未来的样子，也感到无比激动。两个好朋友一起开一家公司，这感觉太棒了！"

之后，沃兹问乔布斯，应该怎么给他们的公司命名。

"苹果"，乔布斯随口说出了这个词。苹果？苹果电脑？这真的可以被称为一个企业的名字吗？沃兹绞尽脑汁想找一个听上去更技术化的名字，比如新造一个词"Executek"，把"执行"和"科技"两个词融合起来，或者叫"矩阵"。但是乔布斯说："如果我们想不出其他更好的，那还是用'苹果’吧。”

最终，他们还是使用了"苹果"这个名字。但是，为什么是"苹果"？是否因为乔布斯相信他的直觉，预感到苹果是一个完美、古怪又非主流的名字？对乔布斯而言，有两个明显的跟"苹果"有关的联想：一是他曾经在苹果园中挥汗如雨，乐此不疲；二是他经常只吃水果餐。

第三节　一朵可爱的"苹果花"

> 成就一番伟业的唯一途径就是热爱自己的事业。
>
> ——史蒂夫·乔布斯

1976年4月1日——愚人节那天，史蒂夫·乔布斯、史蒂夫·沃兹和罗恩·韦恩在韦恩山景城的公寓中，签署了一份合约，这份合约标志着苹果公司正式成立。尽管若干年后，苹果电脑公司在市场上的总值过亿，但是当1976年公司成立的时候，三个合作者能投入到公司中的资金都是非常有限的。

当乔布斯说服自己的好朋友沃兹和自己合作成立电脑公司后，尽管他们谁也不了解商业计划书或合同是什么东西，但他们都知道开公司必须要有启动资金。乔布斯算了一下，购买和绘制电路板大概每个要花25美元。如果他们制造100个电路板，则需要2500美元。两个好朋友同意共同承担第一笔成本支出，但是他们俩都没什么钱。

当时，沃兹在惠普公司拿着一份体面的工资，但是他的开销也不小，他喜欢的立体声设备、电脑零件等都不便宜，而且他马上就要结婚了。乔布斯拥有的唯一值钱的东西就是他的大众汽车。乔布斯当初买这辆车的时候，他的爸爸认为它并不值什么钱，但是乔布斯将这辆车卖到了1500美元。沃兹期望以500美元的价格卖掉他心爱的惠普65计算器，但最终买家只支付了250美元。不幸的是，乔布斯的汽车不久就因为故障被退了回来，他同意支付对方一半的维修费用，这让乔布斯花掉了很多积蓄。不管怎样，乔布斯和沃兹最后还是一起攒够了他们需要的资金，并且找到了一个技术人员来绘制沃兹的电路板。

同时，乔布斯劝说沃兹接纳另一位合伙人——41岁的罗恩·韦恩。自从在内华达州的生意失败后，韦恩就在雅达利公司工作，他是乔布斯的同事。沃兹认识到，在商业方面，他和乔布斯都不是内行，因此他同意让韦恩加入。他们决定，鉴于韦恩在商业方面的专长，他可以持有公司10%的股份。沃兹和乔布斯则平分余下的部分，每人持有45%的股份。

韦恩自愿起草了合约，拟定了最初的操作手册，设计了公司的标志——这是一幅牛顿坐在苹果树下的画面。于是，三人在1976年的愚人节那天签署了合约，苹果电脑公司成立了。

出于以往经商失败的经验教训，苹果公司成立后不久，韦恩就开始担心。由于协议构成的是合伙人关系，因此，如果其中一个人欠下债务，其他人都要对债务负责。韦恩觉得在刚开始创业时要求他们为苹果电脑公司付出的资金，将永远赚不回来，他还担心自己不久就可能惹上一身债务。因此，苹果公司成立11天之后，他签署了退出协议的必要文件。于是，乔布斯和沃兹又成了五五分成的合伙人。从苹果的发展成就来看，如果罗恩·韦恩当年保留他那10%的股份，他现在应该是个资产过10亿美元的大富翁了。

乔布斯和沃兹开始制造一款电路板，并准备在家酿计算机俱乐部进行展示。在俱乐部的聚会上，沃兹介绍了他的设计。乔布斯发现，比起制造一台电脑，会员们对买到成品的电脑更感兴趣。家酿计算机俱乐部的常客保罗·特雷尔就是其中一员。在"阿尔泰"和其他迷你电脑出现的时候，特雷尔想要销售家用电脑。他像乔布斯一样，意识到家用电脑蕴含着巨大的商机。他的第一家商店位于山景城的国王大道，那是一条长长的、繁华的主干道。

在家酿计算机俱乐部结识乔布斯的时候，特雷尔并没有对乔布斯本人或他的表现留下很深的印象。他只是给了乔布斯一张名片，并说："保持联系。"

第二天，乔布斯光着脚、带着一个完成的电路板，兴冲冲地来到特雷尔的商店开心地说："我来和你联系了。"乔布斯后来回忆："当时，特雷尔希望，我和沃兹能造出的是一部完整的电脑，而不是一个带有一堆芯片、却没有微处理器的简单电路板，而微处理器正是一台电脑的'大脑'。"

他确切地告诉了乔布斯他想要什么——一台组装完备、制造完整的功能性电脑。

乔布斯善于谈条件，他问特雷尔乐意为这样的一台电脑出多少钱，特雷尔回答说，他愿意每台出价500美元，货到付款，预订50台苹果电脑。后来，乔布斯回想起那一刻，当听到特雷尔那些话的时候，他满眼都是飞舞的美元符号。他接下了特雷尔的订单，冲出商店，立刻给正在上班的沃兹打了个电话。"我震惊了，完完全全震惊了，"沃兹说，"那是苹果电脑公司首次，也是最令人震惊的成功。"

但是现在，他们真的需要很多资金去购买零件，来完成订单。毫无疑问，这项工作属于能说会道的乔布斯，而不是害羞的沃兹。

乔布斯完全按照他的思路行事。他很少洗澡，从不梳头，而且觉得经常打赤脚也没什么不好。他就是这样一个人。如果有一个公司的主管来面试他，他也不觉得衣着有什么重要的。不过，这次他自己就得到了教训。

乔布斯去找雅达利的创始人诺兰·布什内尔，他为乔布斯介绍了一位重要的投资人。那个人对乔布斯邋遢的样子很不满。在开会的时候，乔布斯将他的赤脚搁在那个人的桌子上，布什内尔当时就知道，乔布斯和苹果电脑公司至死不可能得到这个人的投资了。

之后，无论是当地的银行还是其他一些商人都拒绝投资，包括乔布斯曾经打过工的哈尔泰克商店的老板。在被拒绝数次之后，乔布斯走进了另一家电子产品供应商店——克拉默电子公司。商店的经理并不相信这位头发乱蓬蓬、光着脚的大男孩说的是实话。他真的有一张订单，还要卖给特雷尔50台电脑？乔布斯坚持让经理马上给特雷尔打个电话。特雷尔当时在开会，但是广播呼叫他，说他有一个紧急来电。特雷尔接起电话，对那位满腹狐疑的克拉默的经理证实了乔布斯的说法。于是，克拉默公司批准了乔布斯的请求：卖给他们电脑零件，允许他们在30天内付清所有电脑零件的账单，而且不用支付任何利息。这在一定程度上减轻了乔布斯和沃兹的资金负担。

苹果电脑公司开始高速运转——乔布斯和沃兹两人要从零开始，制造出50台电脑。30天，50台电脑。这个刚刚起步、自给自足的公司，开始在沃兹的公寓里生产特雷尔商店的订单。沃兹的餐桌变成了工作台，堆满了成排的零件，上面还有一个禁止乱动的巨大警示标志。沃兹的新婚妻子对这样的安排非常不满，于是苹果电脑公司决定将他们的车间搬到洛斯阿尔托斯的乔布斯的房子——事实上是他养父母的房子里。

一开始，他们在乔布斯妹妹的卧室里工作，渐渐蔓延到了房子的其他地方，甚至占用了乔布斯当年重新整理过的车库。每一个人都参与进来了：快要当妈妈的乔布斯的妹妹仔细地将芯片嵌入到电路板中。乔布斯的朋友丹和他的女朋友正好住在附近。丹的女朋友负责焊接，但是当她搞砸了几次后，乔布斯对她大发雷霆，让她去记账，而他亲自负责焊接。

没有办公室，也没有职员。为了让苹果电脑公司听起来更像一家专业的企业，乔布斯租用了一个接听电话服务。信息会直接转到家里，乔布斯的母亲会将它们记下来，或者大声地读出买家对产品的预期是什么。

在车库外面，沃兹测试每一个做完的电路板。如果它们运

和创造世界名牌的人

一起放飞梦想

Let the dream fly

转正常，他就将它们装进一个盒子里。如果存在故障，他就在工作台上细致地检查，设法发现问题。乔布斯的养父用他的修车技能迅速制造了一个可以检测电脑合格与否的设备，他让电脑整夜开着，然后检测它们是否会过热。

做完了第一批的几台电脑后，乔布斯谨慎地将它们装在车上，开到了特雷尔商店。而特雷尔对他订购的这些产品并不满意。他告诉乔布斯，他订购的是完整的功能型的电脑。而乔布斯带来的这些产品既没有键盘，也没有电源，连个外壳都没有。实际上，乔布斯呈现给他的只是一些经过美化的电路板。但是，乔布斯的态度异常坚定，丝毫不肯退让。奇迹出现了，特雷尔最终收下了这些产品。

在此之后，乔布斯的公司必须以一种新的方式开始工作，向特雷尔交出他想要的产品。沃兹制造的电脑已经可以轻松地连上键盘，他也知道怎样将电脑连接上显示器，这些都不是问题。他们选定了一款电源线，迅速开始了工作。

一台完整的功能型电脑还需要软件，或者一种语言，这种语言可以指挥电脑完成一些附加功能。沃兹学过BASIC的知识，这是一种通用的计算机语言。家酿计算机俱乐部的一些成员曾经买来BASIC，再将其复制后免费交流。信息的分享至关重要。

那时，一个软件开发者发现，他发明的语言被免费地到处分发，他异常愤怒。他写了封抱怨的信，寄给家酿俱乐部的成员，质问他们如果开发者的产品不断被剽窃，他们还如何能期待着有新的产品问世。那封信的署名是"比尔·盖茨"，不过，尽管盖茨进行了抗辩，沃兹还是将BASIC语言输入盒式磁带上。开机的时候，将盒子插入到一个特殊的卡槽中，这种语言便会快速上传到电脑上。这一革命性的改良意味着用户将不必记忆成篇的代码并在每一次开机的时候将它们重新输入电脑。

最终，正式的第一代苹果电脑被送到了特雷尔商店，但是没有外壳。特雷尔还是将它们都收下了，并雇了一名木匠给这些电脑制造了木质外壳。与此同时，乔布斯、沃兹和特雷尔已经将他们电脑的零售价定为666.66美元。

第四节　结出真"苹果"

> 找到你真正喜爱的东西，并且充满激情地去追求它。
>
> ——史蒂夫·乔布斯

乔布斯做每一件事都充满激情。在苹果公司，他经常对员工大喊大叫，跟下属打交道时，他也绝对不是一个温和的人，他知道自己想要什么。因此，为了达到要求会大发雷霆，但奇怪的是，他的很多伙伴都喜欢被他训斥，或者说他们喜欢乔布斯带给他们的工作激情，因为他推动着合作者们创造出不凡的成就。虽然他们可能会因此过度疲劳，但在整个过程中，他们

也收获了不少。

　　麦金塔计算机的研发经历了三年时光，虽然在此期间，乔布斯常对研发小组成员大喊大叫，但正是通过这种激情的感染，让大家始终保持着高昂的士气。他还对麦金塔研发小组的成员说，他们是将技术与文化融合在一起的艺术家，并让他们相信，他们在改写计算机历史的事业中扮演着独特的角色，能够参与如此具有创新性的产品设计是一种荣幸。

　　在麦金塔计算机开发的过程中，乔布斯不断地为麦金塔研发小组注入工作激情。对此，乔布斯曾说："除非你对此充满激情，否则你将无法生存下去，你终将放弃。因此，一定要有一个充满激情的想法或者你想纠正的错误，否则你将不会有坚持这一项目的毅力。我认为，做到这一点，也就成功了一半。"正因为如此，在开发新技术之时，乔布斯才不断注入自己的激情，并以此带动自己的员工。他知道如果一旦缺乏激情，麦金塔的工作人员很可能会对耗时多年的项目失去信心，并最终放弃。

　　在乔布斯的激情指引之下，1984年1月推出的麦金塔计算机，创造了无数个第一：图形用户界面、图示和计算机桌面；使用鼠标作为指标工具；"所见即所得"的文字处理系统以及图像修改软件；长档名，可含有空格以及没有档案延伸，容许31个字符作档案名；美观且合乎人体学的工业设计等。

　　假如没有激情的存在，很难想象乔布斯的创新之路能一直延续下去。乔布斯说："当我23岁时，我的财富达到了100万美元；在我24岁时达到了1000万美元；而在25岁时则达到了一亿多美元。"尽管听上去非常震撼，但对于乔布斯而言，这些都不重要，他说："我从不为钱而活着，一点都不关心死时是不是最富有的人，而是每晚入睡前都能自豪地说，我们的确干了一番事业——这才是我最在乎的。"

1983年春乔布斯为麦金塔计算机重新制作了广告片"1984"。1984年，苹果广告片"1984"在全美的影院上映。当麦金塔大功告成的时候，乔布斯想给它举办一场盛大的发布会。

当时，苹果公司的广告代理里吉斯·麦肯纳刚刚被一家规模更大的广告公司收购。这个广告公司与乔布斯达成一致，他们都想做一个电视广告，这个完全原创的广告不但要惊世骇俗，而且还要对产品做出明确的介绍。苹果公司买下了1984年"超级碗"大赛的中场广告时间，还斥90万美元巨资请来了影片《银翼杀手》的导演雷德利·斯科特来指导这条广告片的制作。

广告公司决定从一本书中选择广告的主题，那就是乔治·奥威尔完成于35年前的未来主义小说《1984》。广告中，面无表情的人们将目光聚集到一块巨型屏幕上，他们正在聆听老大哥的教诲。突然，一个女人挥起大锤，用力砸向大屏幕，将其砸得粉碎。画外音随即响起："1月24日，苹果公司将推出麦金塔电脑。你将亲眼看到为什么1984不会变成《1984》。"广告传递了一个清楚的信息：麦金塔电脑将打破所有电脑建立起来的模式和陈规，它必将在浩瀚的宇宙中留下印迹。

广告发布之前，公司的总裁斯卡利观看了它，认为这种设计简直糟糕透顶。他要求公司放弃这则广告。乔布斯和他的团队愤怒了，好在最后这个广告还是播出了。无论新闻评论员、媒体撰稿人，还是那些电视观众都被这个广告震住了。后来，这则广告赢得了许多著名奖项，包括最佳"超级碗"时刻。在2007年"超级碗"大赛40周年庆典时，人们回顾了这一经典时刻。

又过了一段时间，在库比蒂诺的弗林特礼堂举行的年度股东大会上，乔布斯召开了麦金塔的发布会。他的团队成员坐在前排，全都穿着麦金塔的T恤。灯光暗了下来，身着双排扣西装、打着领结的乔布斯出现在聚光灯下。他拿出了一个盒子，将它放在桌子上。他引用鲍勃·迪伦《时代在变》的歌词向观众们致欢迎辞，接着表演开始了。他缓慢地将麦金塔从它的盒子里搬出来，启动它，接着，一个接一个的大写字母，M、A、C、I、N、T、O、S、H在电脑屏幕上横向滚动。屏幕以星光作为背景，在MACINTOSH（麦金塔）一词下面，神奇地出现了"酷毙了！"的字眼。人群沸腾了。紧接着，书写工具、各式字体、画图工具，以及一个象棋的游戏陆续出现在屏幕上。人们被深深地吸引了，他们起立、长时间疯狂地鼓掌，为这台电脑，也为乔布斯喝彩。

但是，表演没有结束。现在轮到麦金塔做自我介绍了："大家好，我是麦金塔。能从那个盒子里出来，感觉棒极了！接下来，我非常自豪地向你们介绍一个人，他就像我的父亲一样，他就是史蒂夫·乔布斯。"人群再次欢呼起来。而乔布斯只关注坐在前五排的人的反应，那是他的团队。他们和乔布斯一样，激动得不能自已。他们付出的努力终于得到了回报，他们欢呼着，眼角挂着喜悦的泪水。

麦金塔惊人的亮相之后，乔布斯的名气更胜从前。1985年，30岁的乔布斯举办了一个符合他明星气质的奢华派对，派对的地点选在了旧金山的一家大型酒店里。一代传奇歌手埃拉·菲茨杰拉德被请来助兴。回想起当年那个年轻人，他会光着脚在里德学院校园里游来荡去，还会步行7英里前往波特兰市哈雷·克里希那寺庙领取免费食物，如今这种奢华的举措简直令人难以置信。

一粒苹果种子能否长成一棵枝干茂盛苗壮的、果实累累的苹果树呢？乔布斯已经用苹果公司的发展回答了这个问题。

1977年底，苹果公司盈利250万美元，1978年盈利1500万美元，80年代后，苹果公司盈利达到3.35亿美元。

1980年，苹果三代电脑发布，根据配置的不同，其售价从4340美元到7800美元不等；苹果股票上市，并获得巨大成功。1981年，乔布斯加入到麦金塔项目组。1982年，Lisa数据库完成并准备发布。苹果的广告代理商Chiat/Day制作完成了麦金塔宣传广告片（Macintosh TV spot，即"1984"）。1983年，Lisa数据库和第二代苹果电脑发布，售价分别为9998美元和1395美元。苹果公司成为历史上发展最快的公司。

Steve Jobs

第五章　**实现梦想的基础品质**

Steve Jobs

第一节　坚持到底　成功在望

> 不是太多人开了太多的公司，而是太多人无法坚持下去。
>
> ——史蒂夫·乔布斯

"不是太多人开了太多的公司，而是太多人无法坚持下去。"上面这句话是20世纪90年代，乔布斯对于网络创业失败现象的评论。在乔布斯辉煌的人生中，不懈的坚持一直都贯穿始终，无论是对产品的完美追求，还是对竞争对手的严厉打击，他给世人留下的印象就是永不放弃，并以一颗近乎疯狂的执着之心，让世人震撼、对手惊叹。也正是依靠他的这种精神，苹果才能够如此独一无二！

乔布斯的执着无人能敌，但凡他认定的事情，就一定会坚持到底，如他在推出自己的开山之作——麦金塔电脑时，就已经决定了要坚持到底，因此，当麦金塔电脑销售惨淡时，他没有选择放弃，而是坚持不懈地继续走下去。不仅如此，还承诺要让麦金塔电脑在市场上一炮走红，并且不惜任何代价——由此可见他当时的决心有多大。最后，也正是这样的坚持，让乔布斯终于在麦金塔电脑上打了一个漂亮的翻身仗，使苹果公司走上了充满商机的阳光大道。

　　1984年年初，苹果公司推出的麦金塔电脑，开始销售不佳，业绩持续下滑，一个月竟然只卖了一万台左右。起初，自傲的乔布斯拒绝相信这个事实，他认为这只是因为夏天是销售淡季，一切都会好起来的，但在8月份销售仍不见起色之后，他开始感到恐慌。这对乔布斯而言，这无疑是一次巨大的挑战。

　　随后，乔布斯意识到自己的错误，他只顾着设计出一台外观十分美观的电脑，却没有考虑到用户购买的最核心因素是让电脑为他们干活儿。用户不会花几千美元买回一台仅仅是鼠标设计好看、外观颜色鲜艳，却对他们一无用处的电脑。然而，面对如此巨大的挑战，乔布斯并不打算放弃。

　　乔布斯决定重振士气，在1984年11月底，他举办了精修大会，与苹果的重要主管讨论如何提升麦金塔电脑的销量。尽管遭受败绩，但作为领导者的乔布斯坚持不认输，还在大会上大声呼喊："我一定要让麦金塔电脑在市场上一炮走红，不惜任何代价。"乔布斯很清楚，面对败绩时，重振士气至关重要。

　　乔布斯抱着坚定的信念和不服输的精神，一再鼓舞大家要继续打拼，而在他的激励之下，设计师们努力改进麦金塔电脑的不足之处，并争取创造出更加新颖的设计和功能。终于，在乔布斯坚持不懈的努力下，苹果公司顺利渡过了难关，并且，他相信，在以后的日子里苹果的影响力和商业价值还会越来越高！

　　有时，乔布斯的坚持甚至可以被看作是一种特殊的偏执。作为苹果的"天才推销员"，乔布斯从公司成立之初就在琢磨如何让消费者购买自己的产品，但他倒不太费心思研究消费者调查报告，而是站在镜子前，对着里面那个苹果产品最忠实的粉丝问："你最需要什么？"尽管在苹果最新的笔记本电脑上，用户不能更换电池，也无法阻挡消费者的热情。一边是质疑者的泼冷水，另一边是购买者的疯狂。乔布斯的偏执，成全了许多人的谩骂和梦想。

第二节　追求完美　不断创新

> 如果今天是我生命中的最后一天，我还愿意做我今天原本应该做的事情吗？
>
> ——史蒂夫·乔布斯

在苹果公司刚成立时，乔布斯在公司的处境十分尴尬，虽然他担任着各种重要职位，却始终没能得到投资者和员工的认可，因为他当时只是一名电脑发烧友，对于技术方面的知识远远不如合作伙伴沃兹，很多人觉得他所得到的一切都是沃兹给予的，一旦失去了沃兹，乔布斯就没有了一切，这样的日子对他来说非常痛苦。正是因为这些偏见，乔布斯才积极组织由他自己负责的研发团队，在技术上努力攻克难题。

事实证明，乔布斯是一个渴望进步的奋斗者。为了证明自己的实力，更为了能够保持一颗初学者的心态，他开始不断

学习技术方面的知识，来弥补自己的不足之处。后来，我们所熟悉的Lisa电脑（这是乔布斯和他的团队耗时多年研发的一款电脑，因为乔布斯特别重视这款电脑的研发，所以便用自己女儿——Lisa的名字为电脑命名），便是乔布斯的旷世杰作，这不但证明了他也是一位不折不扣的技术研发天才，而且还赢得了大家的信赖，从那时起，他就爱上了自己这种保持初学者的心态。

有一次，苹果公司的设计师霍迪跟乔布斯讨论一个英特尔正在开发的最新芯片技术，为了弄清楚其中缘由，乔布斯第一时间给英特尔董事长——安迪·格鲁夫打了个电话，向他请教霍迪提到的新技术。谁知，就在那天的晚些时候，乔布斯竟然迅速堵住了即将下班的安迪·格鲁夫，在乔布斯的请求下，安迪·格鲁夫和乔布斯一起回到了安迪·格鲁夫的办公室，乔布斯在办公室里就他们之前在电话里讨论过的东西再次询问。勤奋好学的他为了获得理想答案，甚至不惜威胁霍迪道："别想唬住一个随时可以拿起电话和安迪通话的人！"

不仅如此，乔布斯还有一个跟别人不太一样的习惯，那就是他会时常问自己："如果今天是我生命中的最后一天，我还愿意做我今天原本应该做的事情吗？"而且，当这句话第一次在他的脑海中出现时，他只有30多岁。在这个别人都不会想起死亡和告别的年纪，他却以这种方式来拷问自己！

20世纪80年代的一天，乔布斯带着一本电话簿走进一场设计会议，并把电话簿扔在桌子上说："这是麦金塔电脑能够做的最大尺寸，绝对不能更大。如果再大，消费者会受不了。还有，我受够了所有这些方正、矮胖的类似箱子外观的电脑，为什么我们不能创造一台更高的而不是更宽的电脑呢？"

对于乔布斯对电脑外观的创新，房间里所有的设计人员都认为是天方夜谭：那本电话簿只是过去出现过的电脑的一半大小，大家都认为实现它是根本不可能的——电脑所需的诸多的配件绝对无法放进那么小的箱子里。但他们明白，乔布斯是绝对不会允许手下直接说"不"的。尽管不合理，设计团队仍然开始了积极的行动，以努力实现乔布斯具有革命性的目标。

追求完美，不断创新，乔布斯给自己的使命就是改变世界，而"苹果"正是他改变世界的工具。

在经营苹果公司的过程中，乔布斯那些激动人心的突破，往往源于他对司空见惯的现象总能以初学者的心态提出"为什么"和"如果我们这样会发生什么"。倘若他没有提出这样的问题："为什么在笔记本计算机和智能手机之间，不能有一个中间类型的设备呢？如果我们来造一个怎么样？"那么，iPad也许根本不会产生，而最能体现他这种初学者心态的产品，便是Apple II。

当时，所有的计算机都安装了风扇，尽管这样噪音非常大，但人们早已习以为常，唯有乔布斯在想：如果计算机没有风扇，会发生什么？他认为风扇产生的噪音，会破坏计算机本身典雅的感觉。于是，他坚持Apple II的电源散热无须使用风扇。正是他的初学者心态，促使他打破常规，富有创意地设计了计算机的供电系统，从而在缩小了Apple II体积的同时，也使得计算机不再需要风扇。

乔布斯不管是在管理公司上，还是在产品的研发上，除了一直保持初学者的心态之外，创新也是他成功的重要因素。乔布斯的一生，有人说辉煌，有人说夸张，甚至有人诋毁过他的作品和为人。但是，有一点可以肯定，创新的火种在乔布斯心中从未熄灭，无论是自己的设计风格屡次不被接受、曾经的朋友变成敌人、还是被自己亲手创立的苹果公司逐出门外，都没有阻挡乔布斯的创新步伐。

第三节　精益求精　毫不妥协

真正成功的领导者，得站在一个高度上掌握别人的智慧。

——史蒂夫·乔布斯

从1976年初乔布斯开始筹划创建苹果公司开始，到1981年，短短的5年时间，这颗苹果的种子不断成功地破土而出，而且迅速地健康成长，成为当时美国电脑制造和开发行业中的领军人物。年仅25岁的乔布斯，便成为巨富，身价达到了2.65亿美元，享有超级巨星般的地位。他先后登上了《公司》和《时代》杂志的封面，成了一个传奇。

巨大的成功并没有给乔布斯带来平静的心态。为了能更好地阐释自己的"苹果"，在电脑展览会上，乔布斯脱掉他漏洞百出的破牛仔裤，梳洗了头发，刮干净了胡子，甚至穿上了西装，打上了领带……但是，工作时，他比原来更加喜怒无常。从研发第一代苹果电脑开始，乔布斯的"坏脾气"就让和他一起工作的人很吃不消。

到了第二代苹果电脑之后，他的脾气更坏了。当时，由于设计理念和对产品的不同追求，苹果公司里主要有两个研发团队。一个是由乔布斯负责的"丽萨"开发团队，另一个是由杰夫·拉斯金做项目负责人的团队，这支工程师团队正在研发的是一款全新的电脑——麦金塔。但是当时公司出现了一个严重的问题：两支团队的负责人都不喜欢彼此。事实上，乔布斯认为拉斯金是个笨蛋，并且希望他远离这个项目。

经过一段时间的焦灼、争吵、抗衡之后，乔布斯和拉斯金之间的矛盾再也无法调和。在一次会议之后，当时苹果公司的董事长决定由乔布斯接管麦金塔电脑项目，而拉斯金则被要求休假。拉斯金同意休假——而且就此永远地离开了苹果电脑公司。

乔布斯带领着自己的团队继续开发麦金塔电脑，过程也不是一帆风顺的，而且乔布斯的"简约""专注"的要求常常令团队中的工程师们手足无措。有一天，一位团队成员想要为这些电脑设计一些"真正的矩形"窗口，乔布斯持反对意见。他想要一些带圆角的矩形，关于矩形是直角还是圆角的讨论持续了相当长的时间。

乔布斯对圆角的喜爱源于童年时期，他的父亲很喜欢一些汽车模型的经典线条——它们大部分都是圆角的。乔布斯告

诉这个员工，圆角无处不在。他指了指桌子、椅子，以及房间里其他的物品。为了彻底解决这场争论，他带着那位员工到户外散步，指给他看所有汽车的线条都是圆角的。当乔布斯指到"禁止停车"标志牌时，这位员工终于认输了。必须指出的是，圆角在当时是一个革命性的设计理念。

乔布斯还坚持让麦金塔电脑拥有完全与众不同的字体，也就是字母的写法。他仍然记得在里德学院旁听的那门"书法课"。有趣的是，一个字体的设计师想到了用垃圾桶的图标直观地表示"垃圾文件"。即使是电路板，乔布斯也要求做到美观。那些芯片必须完美地排列，而电线必须铺设成直线。一位技术人员反对这样做，他说用电脑的人没人会知道电脑机身内部的电路板的样子。乔布斯说："但是你自己会知道。"他回想起父亲曾经告诉过他，一位木匠打了一个木质橱柜，这个橱柜的每个侧面都非常漂亮，靠墙的那面也必须如此，即使没人能看到靠墙的那一面。

乔布斯曾经告诉他的麦金塔团队，顶尖的艺术家会在作品上签上自己的名字。麦金塔最终完成的时候，他要求他们都在一张纸上签下自己的名字，也包括他自己。然后，他们将这些签名进行复制，并永远地刻进了每一个麦金塔电脑机箱的内侧。消费者不会知道那里有这些签名，但是每一位创造麦金塔的艺术家们都知道。

1981年2月，因为第三代苹果电脑的失败，当时苹果公司的总裁迈克·斯科特面临着经营难题，他不得不亲自解雇了40名员工，那一天成了著名的"黑色星期四"。几个月后，他自

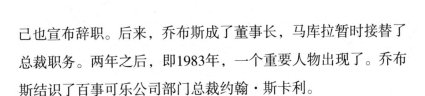

己也宣布辞职。后来，乔布斯成了董事长，马库拉暂时接替了总裁职务。两年之后，即1983年，一个重要人物出现了。乔布斯结识了百事可乐公司部门总裁约翰·斯卡利。

斯卡利和乔布斯在他们各自的公司里均位高权重，但是他们的个性截然不同。斯卡利非常安静，彬彬有礼。尽管如此，他们还是像朋友般互相欣赏，乔布斯认为斯卡利是新总裁的最佳人选。然而，斯卡利并不想离开百事可乐公司。最后，乔布斯质问他："你到底是想一辈子卖汽水，还是和我一起改变世界？"斯卡利终于动摇了。于是，1983年，斯卡利成为苹果电脑公司的新任总裁。"如果让我说一个加入苹果电脑公司的理由，我会说，因为我将有机会与乔布斯一起工作。"斯卡利曾经这样说。

1984年，麦金塔终于大功告成，推向市场后马上吸引了大量电脑用户的关注。但是，当最初的热潮慢慢退去后，现实问题又显现出来。麦金塔电脑的销售业绩逐渐趋于平缓。苹果员工开始在待遇、薪水等问题上发生争吵和分歧。

Steve Jobs

第六章　开辟新境界

Steve Jobs

第一节　乔布斯离开苹果

> 我是我所知道的唯一一个在一年中失去
> 2.5亿美元的人……这对我的成长很有帮助。
>
> ——史蒂夫·乔布斯

在苹果公司蓬勃发展时，乔布斯找来了百事可乐的经理人——约翰·斯卡利，一起打造这个被咬了一口的"金苹果"。刚开始的几年，苹果公司在他们的共同努力下，运转得非常好。然而，随着公司的发展，这对昔日的搭档发生了矛盾。

产生矛盾的原因有很多，可绝大部分是因为乔布斯天生喜欢标新立异，以及他那让人难以忍受的怪脾气。当时，不少苹果公司的员工对乔布斯颇有微词，甚至不敢跟他搭一部电梯，怕一不小心就丢掉了自己的"饭碗"。而年轻气盛的乔布斯丝毫没有察觉到危机。

有一次，斯卡利认为乔布斯对新推向市场的苹果电脑期望值过高，而乔布斯却认定这款苹果电脑第一年的销量能达到50万台，因为根据初期的销售报告显示，这一数量完全可以达到。这时，苹果公司的两位主管，也对这一销售计划提出了质疑，并提醒乔布斯要保持清醒。但面对着乔布斯咄咄逼人的气

势，他们又无能为力，更不幸的是，他们随后还因此被乔布斯免职。

乔布斯离开苹果公司，问题出在乔布斯和斯卡利之间。乔布斯认为斯卡利根本不懂计算机，而斯卡利认为乔布斯不懂管理。乔布斯试图在斯卡利在中国出席会议期间获得苹果公司的控制权，但在最后时刻被人向斯卡利告发。

1985年5月24日，斯卡利和乔布斯发生了激烈的争论。斯卡利要求董事会在他和乔布斯之间做出选择。1985年5月31日，斯卡利解除乔布斯的一切权力，仅保留了他的苹果主席职务，此时乔布斯已经不能对任何决策施加影响。1985年夏，斯卡利成为苹果公司的新领导人，同时裁员1200人。

作为苹果公司的创始人，史蒂夫·乔布斯并没有被解雇。但是，他被告知，他不再属于任何团队。他有一间办公室，但他不领导任何部门，也不需要做任何事情。乔布斯回忆说："我来到这里，可能会打一两个电话，浏览为数不多的几封邮件……一些人看到我的车停在停车场，便走过来对我表示同情。我感到失落。在办公室里坐两个、三个或四个小时后就回家，那时候真的非常失落。"

乔布斯听说有两家处于起步阶段的公司：一家正在研究纯平显示器技术，另一家则在研究触摸屏显示技术。这些新的理念再次给乔布斯注入了活力，他提议创建一个实验室，研发新的产品。但是，斯卡利和董事会的态度很坚决，他们拒绝了乔布斯的请求。乔布斯很伤心，甚至哭了出来。

1985年9月17日，将"苹果"从一颗种子细心培养，并和

"苹果"一起走过十年的史蒂芬·乔布斯写下了辞职信。9年前，他在一张纸上签下了自己的名字，创办了苹果电脑公司，现在，他用一封信结束了与这家公司的关系。两次，他都用同样的方式签下了自己的名字——小写的"steven p.jobs"。

在离开"苹果"的那个晚上，乔布斯的好友默里，担心乔布斯做傻事，赶紧前往他的住处。默里发现他孤独地躺在地板的垫子上，家里一片漆黑。默里不声不响地紧靠着他坐下，然后紧紧地抱住了他，两个人放声大哭，直至天明。默里在确信乔布斯不会出意外后，才返回家中。对此，乔布斯说："在这么多人目光下我被炒了，我生命的全部支柱离自己远去，这真是毁灭性的打击！"

很显然，在乔布斯离开苹果的那一刻，他的苹果梦就已经熄灭了。

1985年，乔布斯离开苹果电脑公司，离开了他的团队和他一手创立的公司。乔布斯这样描述自己当时的心情："如同被人用重拳狠狠地打在了胃部，将体内所有的空气都挤了出去，你根本无法呼吸。这就是我当时的感觉……我需要做的就是试着放松。这的确非常难，但是，那时我经常在森林里散步，也不会和很多人交谈。"

不再是苹果电脑公司的一分子，这成了乔布斯人生中一次毁灭性的转折。脱离了他的公司和他的团队，他就像一位失去了画布和颜料的画家。他自认为是一名艺术家，而且创造出了前所未有的艺术品。

"你知道自己的余生想要做什么吗？"1985年乔布斯在

和创造世界名牌的人

一起放飞梦想

接受一次采访中被这样问道。他的回答是："有一句印度的古语常常萦绕在我的脑海中：在生命最初的30年中，你造就了你的习惯；而在生命最后30年中你的习惯造就了你……如果你想像一名艺术家那样过着创造性的生活，你就不要经常回顾过去。"

1985年，乔布斯正好30岁，已经到了而立之年。在他看来，这个年龄意味着向前看并寻找机遇，以创造出更多真正出色的产品。但是，这个产品是什么呢？他的下一步该往哪儿走？

1985年，刚刚离开苹果的时候，乔布斯曾经告诉一位记者："有时候，为了学习怎样才能将事情做好，你必须经历失败。"不管你是谁，失败总是人生的必经之路，没有人能逃脱，但是并不是每个失败的人都能从中吸取教训。

虽然乔布斯离开了他一手创办的苹果公司，但是他始终持有1股苹果公司的股票。这样，他就永远拥有一份对苹果的拥有权。在1985年的一次采访中，乔布斯说："对我来说，苹果存在于每一个苹果员工的灵魂里，而对于那些自主创业的人，苹果则成了一种哲学和目标。因此，如果苹果沦落到这般田地——电脑不过是普通商品，不再有浪漫美妙的设计，人们忘记了计算机是人类最不可思议的发明之一——那么我就会认为我失去了苹果。但是，如果所有的人仍然认同苹果的这些精神，而且他们仍在为造出下一代伟大的电脑而努力工作着，那么，即使我身在百万英里之外，我仍坚信苹果的基因留存在我的体内。"

离开苹果后不久，乔布斯在接受一位记者采访时说："五年前，我是无法想象自己会落入这般境地的，不过现在却真真实实地发生了！是呀，不见得每一件事都能顺从我的意愿，现在退一步想想，这也许也是对自己的一个教训。"

在乔布斯看来，这个教训就是：面对挫折绝不要放弃！对此，乔布斯后来还自嘲道："我是我所知道的唯一一个在一年中失去2.5亿美元的人……这对我的成长很有帮助。"于是，他决定从头开始。

随后乔布斯拥有的两家公司NeXT和皮克斯，也都经历了多年的奋斗才得以生存下来。在皮克斯尚未取得成功时，乔布斯在行业内和各路媒体上被公开贴上了失败者的标签。他的每一步行动都备受质疑。他能成功吗？他对创新的执着追求、吹毛求疵的性格和完美主义的倾向是导致他垮台的原因吗？

第二节　创立NeXT

> 人生中，有时候会有人用砖头打压你，就算是这个时候，你也不应丧失信心。这些年来，我之所以能一路坚持，是因为我坚信，只要我继续做喜欢的事情，未来一定很美好。

> ——史蒂夫·乔布斯

乔布斯始终坚信，总有下一个梦想在前面。一段时间以后，他重新调整自己的状态，寻找下一个可以实现梦想的地方。

在可供课堂教学使用的电脑领域，他一向是赢家。进入20世纪70年代末期，苹果公司成立了"苹果教育基金"，紧随其后的是"孩子不能等待"和"苹果大学联盟"。这些计划或者向学校捐赠电脑，或者为学校购买苹果产品提供支持或折扣。

在开展这些计划的时候，乔布斯曾拜访过斯坦福大学，并且结识了保罗·伯格。伯格是一名生物学家，并且是诺贝尔奖得主。乔布斯开始对基因研究以及伯格在该领域的工作产生兴趣。伯格解释了他令人激动的工作，然而对数据进行求值却是一个耗费时间的漫长的过程。为什么不使用计算机来对所有的数据进行计算呢？乔布斯问。回答是，他们没有那种能进行科学求值的电脑。

这个问题成了乔布斯离开苹果公司后的新课题：他要成立一家电脑公司，专门为科学家和受过高等教育的人们设计电脑。他要开发硬件，创造一台实体电脑，并且找到或者创造出所需要的软件。他要实现电脑和电脑间的联通，使它们彼此可以进行文件和数据的共享。在那段迷茫的时间里，乔布斯又一次感到内心充满斗志。他询问了一些以前苹果公司研发团队的成员，其中一些人愿意加入这一颇具独创性的、全新的冒险。苹果电脑公司将要失去一些核心职员的消息也让当时的总裁约翰·斯卡利斗志昂扬——这是一种充满愤怒的斗志。

乔布斯接受《新闻周刊》采访时说："顺便说一句，即使苹果电脑公司认为我们想到的点子绝妙至极，他们也不可能会被我们打败。很难想象一个市值20亿美元、拥有4300名员工的公司会败给6个穿着蓝色牛仔裤的家伙。"

乔布斯仅仅保留了1股苹果公司的股份，将其余全部卖出。这1股将使他继续保留股东的地位，并且可以参加一年一度的股东大会。卖掉了650万股苹果股票，乔布斯现在拥有一个亿的启动资金。他决定让自己的新公司命名为NeXT。

为NeXT设计企业标志的时候，乔布斯想起了一句话：你会因一本书的封面而判断这本书的好坏。他相信这句话，并将它应用到现实中。他想让自己的新公司有一个不同凡响的亮相。乔布斯请到了知名平面设计师保罗·兰德来设计公司的标志，费用是10万美元。乔布斯想将这款电脑的外形设计成一个立方体，因此兰德将NeXT放在一个倾斜的二维立方体里，其中只有字母e是小写（有人说它的意思是next apple，下一个苹果）。

公司总部设在加州雷德伍德城，这是一幢重新装修过的大楼，闪亮的木质地板、大落地窗，大楼的入口处是由著名建筑师贝聿铭设计的楼梯，看上去就好像漂浮在空中。这里没有关着门的办公室，所有人都在一个宽阔的、开放式的公共空间里办公。

乔布斯组建了他的团队，他保留了很多在麦金塔团队时消遣的传统：深夜在公司举行比萨派对，周末远离工作、放松身心。但是其余时间里，紧张的办公传统也得到了保持：每周90个小时的工作时间，还伴随着乔布斯突如其来的怒火和吝啬的赞美。

就像乔布斯说过的那样，30岁以后，习惯就已经养成了。他的工作风格不曾改变。开会的时候，每个人都围着桌子就座，乔布斯找到他的椅子，但他从来不好好儿地坐着。他会跪在上面，或像个小孩一样瘫在椅子上。如果他没有坐在桌子旁，他就会站起来，没完没了地在屋里踱步。他会咬指甲，或在黑板上随意涂鸦。当有人演讲的时候，他会盯着那个人看，弄得大家都不舒服。他还会对演讲者翻白眼，来表示自己极端的不满。

乔布斯的完美主义和关注细微之处的习惯也没有改变。他坚持的立方体电脑外壳生产成本极高，要求的尺寸也无法将电路板放置在一个平板上。为了适应外壳，电路板需要一片叠一片放。这些精巧的设计不但提高了成本，还造成了延误。而延误就意味着无法在市场上出售NeXT电脑。如果没有产品出售，那么公司就没有收入。

经过几年无赢利的运转，乔布斯杰出商人的名誉受到了质疑，他需要资金拯救这家公司。救活公司也相当于挽救自己的名誉。幸运的是，一次在电视上的露面拯救了乔布斯：美国公共广播公司播出了一部纪录片《创业者》，片中介绍了乔布斯和他的新公司。一名得克萨斯州的商人、亿万富翁罗斯·佩罗看到了这部片子，非常欣赏乔布斯和他的团队。佩罗成了NeXT的救星。他在商界出色的口碑和2000万美元的投资，让NeXT和乔布斯重新站稳了脚跟。佩罗说："乔布斯和他整个的NeXT是我所见过的最令人难以置信的完美主义者。"

乔布斯同样需要软件供应，于是他找到了一位老熟人——比尔·盖茨。几年前，盖茨的软件公司——微软曾为麦金塔团队和他们的GUI界面提供软件服务，开发了供麦金塔使用的应用软件。后来，盖茨看到了GUI应用软件光明的前景，于是他开发了自己的产品——Windows操作系统。如今，由于已经获得了巨大的成功，盖茨不再需要这份工作了。而且，他并不认为乔布斯的新电脑有什么特别，也不介意公开发表他的观点。

看到对自己不利的报道后，乔布斯异常愤怒，他认为盖茨的观点错得一塌糊涂。乔布斯坚信自己的软件系统是革命性的，并且认为软件供应商应该争先恐后地为它开发软件。但事实是当时并没有任何人敲响乔布斯的门。

和创造世界名牌的人

一起放飞梦想

Let the dream fly

NeXT电脑项目的进度已经落后于时间表，但乔布斯深知发布会的重要性，所以他为NeXT和它的软件——即使这款电脑并没有全部完成——安排了一场盛况空前的发布会，地址定在旧金山交响乐厅，时间是1988年10月12日。"我们做出了世界上最好的计算机，"乔布斯在发布前几天曾这么说，"从此，每一台电脑都将发生变化。"佩罗同意他的说法："他们花了无数的时间来追求完美。而他确实又一次做到了。"

这是第一台可以包含一整本字典和《威廉·莎士比亚全集》的电脑。更关键的是，乔布斯创造出了一本真正意义上的电子书。然而，发布会的总结阶段，现场3000名观众，包括来自不同学校的管理层、老师，以及软件开发者、记者，得知这台电脑的价格为6500美元后，全都大吃一惊。而且打印机还需要额外支付2000美元。事实上，这些潜在的购买者之前所希望的价格是2500美元，包含全部的配件。

当NeXT电脑最终走下流水线时，乔布斯原本期待每个月会卖掉1万台电脑，而事实上，每个月仅仅卖掉约400台电脑。

一名记者问乔布斯，这款电脑的问世时间为什么那么晚。乔布斯回答说："并不晚。它已经提前了5年诞生。"乔布斯又一次说对了。1989年，一位知名的电脑科学家蒂姆·博纳斯·李开始研究NeXT电脑和它的NeXTSTEP软件，致力于开发一个网络服务器和网络浏览器。两年后，NeXT电脑可以成功实现联网，全世界都记住了博纳斯·李的工作和互联网的诞生日期。

自1986年乔布斯成立NeXT起，多年以来，他一直在培养这家公司。事后证明这是一个失败之举——直到他扭转思路，不是创造电脑，而是将目光聚焦在销售软件项目上，才真正扭转了NeXT的颓势。

第三节　皮克斯动画公司

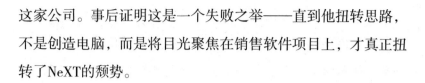

> 无论你有多优秀，一定还是会有比你懂得更多、更厉害的角色，请努力地找到他们，听听他们都说些什么。
>
> ——史蒂夫·乔布斯

叱咤全球科技行业的乔布斯，一路走来都十分看中自己失败的经历，无论是生活上的还是工作上的，他都对其视如珍宝。他经历了无数次的失败，才有了今天这样的地位。因此，他还始终相信，今天的失败就是明天成功的基础！

乔布斯离开苹果电脑后，NeXT电脑是唯一一个能让他兴奋的事物。不久之后，他迎来了事业的第二个春天，那就是电脑动画电影制片公司皮克斯动画工厂——这是由《星球大战》之父乔治·卢卡斯一手创办的。1986年，乔布斯以1000万美元从美国电影特技之父卢卡斯手中买下了这家当时游走在破产边缘的电脑动画制作工作室，成立了皮克斯动画公司。是什么吸引乔布斯去关注皮克斯的呢？

当时的皮克斯公司远没有现在这样闻名于世，只是一家实力中等的传媒公司，并且受到大型传媒公司的挤压，已经濒临破产，乔布斯正是看准了将电脑技术与电影融合的一个新兴产业的巨大商机，才出手相助。乔布斯多次投资，皮克斯还是无法走出经营的困境。

乔布斯在经营皮克斯期间费尽心思，但皮克斯依然毫无起色，眼看着皮克斯就快要砸在自己手里了，乔布斯也开始犹豫是否应该卖掉它，毕竟不断的投资已经消耗了大量的资金。1994年，乔布斯打算将皮克斯卖给赫赫有名的微软公司，但微软公司的出价让他很不满意，他想得到一个更合理的出价。最后，几经周折，执着的乔布斯决定"坚持到底"，一定要等到皮克斯成功的那一天。于是，他拒绝了低于自己心理价位的收购价，坚持将皮克斯发展下去。

为了解决皮克斯的困境，乔布斯提出了公司上市的计划，但所有的律师和投资家都认为上市不会带来什么效益，而且，这个举动的花费将是巨大的。然而，固执的乔布斯还是坚持将皮克斯上市，后来，皮克斯股价开始步入正常轨道，每股20美元。此时，皮克斯已经从出售给公众的13200万美元股票收益中获得了12300万美元，其余的900万美元付给了投资的银行家。换言之，通过上市皮克斯原本4700万美元的赤字，变成了7600万美元的赢利。

在无数次失败的投资之后，乔布斯看见了一丝希望，紧接着，他立刻开始实施一系列后续计划。《玩具总动员》横空出世，终于让他收获了失败后的成功。在随后的日子里，乔布斯更是将皮克斯发展得越来越大，并让皮克斯在纽约重新上市，原定开盘价在每股12美元至14美元，但在开盘的半个小时内，皮克斯每股股价从22美元升到了49美元。

不仅如此，乔布斯还在技术方面对皮克斯实施了特别的管理和设计。首先，他们使用整合型软件，即皮克斯的软件只能与皮克斯图像电脑兼容。乔布斯非常看重硬件和软件之间的整合，而这也是NeXT电脑的设计理念。其次，皮克斯的软件令他惊奇。通过软件，可以实现对平面图像的3D渲染。因此，它成了动画及图像设计师理想的工具，医疗人员甚至可以将其应用在显影扫描上。第三，皮克斯动画部门负责人约翰·拉赛特是一名艺术家。对乔布斯来说，与这样的员工一起工作，达到了技术和艺术的完美结合。

皮克斯图像电脑的标价高达125000美元，乔布斯认为还可以为大众推出一个较低价格的版本。不久他发现，低价版的价格仍然超出了普通消费者的承受能力。不过，对于一个大型动画电影工厂迪士尼来说，这个价格却是完全可以接受的。迪士尼买下了这批电脑和相关的软件，并在1988年用它们制造出了一个场景，那就是轰动一时的电影《小美人鱼》的最后一幕。

即使有像迪士尼这样的客户，但与其他设计动画和图像的公司相比，皮克斯的销售业绩也不容乐观。乔布斯需要从自己腰包里拿出更多的资金，来偿还皮克斯的债务。乔布斯曾经以睿智、远见著称，然而皮克斯和NeXT的业绩使他遭受了沉重的打击。即使如此，他也并不想放弃二者中的任何一个。

一次皮克斯的会议中，乔布斯别出心裁，建议拉赛特制

作一个动画短片，去参加奖项的角逐，以此来展示皮克斯图像电脑的性能。拉赛特的桌子上堆满了小玩具，还有一台Luxo台灯。他以这盏台灯的图形做了一部动画片，讲述了一个两盏台灯玩球的故事。拉赛特的电影《顽皮跳跳灯》在美国计算机协会计算机绘图专业组大会上展出后，观众们站起身来，对影片报以热烈的掌声。此外，影片还赢得了最佳影片奖。

皮克斯的技术总监埃德温·卡特姆这样评价这部影片："《顽皮跳跳灯》在全行业掀起了巨浪，波及计算机和传统动画的每一个角落。那时，大多数传统的艺术家惧怕电脑，他们并没有意识到电脑只是艺术家的另一种工具，反而将它视为一种可能会危及他们工作的自动化技术。幸运的是20世纪80年代早期，随着个人电脑进入家庭，这种观点被戏剧性地扭转。"

这部影片的成功为皮克斯公司的动画广告部增添了一些新职位，却并没有促进皮克斯电脑的销售，即使它们拥有出神入化的软件。为了保证公司生存下去，乔布斯不得不削减开支和进行裁员。

在一次削减开支的大会上，拉赛特迟疑地询问乔布斯，能否提供30万美元来让他完成另一部电影。尽管全公司都在削减开支，但乔布斯还是同意投资这个短片，同时他也警告拉赛特，这部片子必须好到极致。拉赛特制了一部动画片，名为《锡铁小兵》，描述了一个小宝宝吓坏了他的新玩具，一个单人玩具锡铁小兵的场景。1988年，《锡铁小兵》赢得了奥斯卡最佳动画短片奖。拉赛特感谢了他的团队和乔布斯，特别提到

和创造世界名牌的人 一起放飞梦想

Let the dream fly

了这是有史以来第一次一部电脑动画影片赢得了奥斯卡奖。

乔布斯对拉赛特的信任是正确的。《锡铁小兵》成功后，迪士尼开始接触拉赛特，问他是否愿意为他们工作，并且指导制作一部有关玩具的电影。通过拉赛特的短片，迪士尼发现以动画片中形象制作的玩具对孩子们具有不可思议的吸引力。而拉赛特认为，在迪士尼，他最多只能是一名导演。但是，如果他留在皮克斯和乔布斯共事，他将创造历史。他对乔布斯的忠诚，以及对艺术的热情是如此强烈，这让他从未考虑过离开皮克斯。

既然拉赛特不会去迪士尼，迪士尼便转而同时接触乔布斯和拉赛特，并询问乔布斯皮克斯公司能否为迪士尼制作一部有关玩具的电影。乔布斯同意了。这个新颖的故事将视角集中在两个玩具身上——牛仔胡迪和宇航员巴斯光年。拉赛特创作脚本时多次与迪士尼会面，迪士尼提出各种要求，让这个故事更前卫，并包含更多的情节冲突。

于是，胡迪被设计得有一点刻薄，有一点坏，并且十分嫉妒巴斯。1993年，拉赛特将完成的前半部电影带到迪士尼公司。观看后，迪士尼非常不满意，而拉赛特也为他做出的东西感到沮丧。准备为胡迪配音的著名好莱坞影星汤姆·汉克斯认为，胡迪就是一个彻头彻尾的混蛋。

拉赛特推翻了之前所做的一切，重新回到起点。他按照自己想要呈现的方式重写了这个故事：善良的胡迪是安迪最心爱的玩具，但是，当一个新的人形活动玩具巴斯到来的时候，他觉得自己的地位被取代了。1995年11月，皮克斯的电影《玩具

总动员》上映，这是第一部全片均由电脑三维动画技术制成的电影。它在美国和加拿大的票房收入为1.91亿美元，全球的票房收入高达3.61亿美元。《玩具总动员》还拍了续集，并且衍生了数不清的玩具周边产品。

《玩具总动员》上映一周后，乔布斯宣布皮克斯股票上市。最初的股价为22美元一股，而当交易日收盘时，股价已经涨到了每股39美元。乔布斯持有的股票价值12亿美元。但就像他日后说的那样："我并不是为钱才做这件事的。"乔布斯的动机只有一个：他狂热地工作，是为了创造出一个他真心认为影响深远的产品。

商业作家大卫·普莱斯曾经说过："乔布斯主要的影响力在于他能从战略的高度把握公司的运营方向。他敏锐地洞察到，总有一天，皮克斯将在动画领域与迪士尼公司平分秋色。"

Steve Jobs

第七章　乔布斯归来

Steve Jobs

第一节　重获乔布斯的苹果

> 有时候，为了学习怎样才能将事情做
> 好，你必须经历失败。
>
> ——史蒂夫·乔布斯

苹果公司自1985年乔布斯离开后，经营状况一直不佳，产品毫无新意，年销售额从110亿美元缩水至70亿美元。至1997年7月，当苹果公司为了获得NeXTSTEP操作系统，吸引乔布斯重返公司而收购NeXT时，苹果公司已接近破产的边缘。基于对苹果公司深深的热爱，乔布斯不计前嫌地重返苹果。重归苹果的乔布斯，对苹果计算机的追随者们说："我始终对苹果一往情深，能再次为苹果的未来设计蓝图，我感到莫大荣幸！"

在乔布斯的带领下，苹果公司不但止住了下滑的趋势，而且逐渐实现赢利。苹果公司由乔布斯上任时亏损高达10亿美元，到一年后奇迹般地赢利3.09亿美元。1999年1月，当苹果公司宣布1998年第四财政季度赢利1.52亿美元，超出华尔街预测的38%时，苹果公司的股价立即攀升，最后以每股46.5美元收盘。此时，苹果计算机在个人计算机市场的占有率，已经从原来的5%增加到了10%。2006年1月，苹果公司的市值达到了731.3亿美元，一举超过戴尔的719.7亿美元。

和创造世界名牌的人

一起放飞梦想

Let the dream fly

1997年，乔布斯重新回到苹果公司，此时他面临的是一家已经衰退的企业。在苹果公司位于加州科帕蒂诺广场的董事会办公室里，乔布斯批评当时苹果公司的经理人说："我们的产品令人极为失望，它们不再有任何吸引力了！"在乔布斯离开苹果的12年岁月中，苹果公司几乎丧失了它赖以成功的核心原动力——与众不同。苹果公司的软件曾以创新、新颖和易于操作而闻名，但在乔布斯离开的12年内却几乎没有什么新的突破，"苹果"已经被消费者们所遗弃！

为了将苹果公司重新变为全世界最受赞赏的企业，乔布斯将苹果公司变成了一家快速消费品企业，创造出了数款被称为"完美之物"的产品，推出了二十周年纪念版麦金塔电脑，以及自主开发的System7.5.5操作系统。

1999年7月，乔布斯又推出了笔记本电脑iBook，凭借着蓝黄相间，像漂亮玩具一样的外形，该产品在市场上迅速受到用户的追捧。并且，iBook于1999年10月，一举夺得"美国消费类便携电脑"市场第一名，还在《时代》杂志举行的"1999年度世界之最"评选中，荣获了"年度最佳设计奖"。

其实，苹果公司早在开发手机之前，就已经开始研发平板电脑了，但脑袋里充满创意的乔布斯却说："这个东西做成手机肯定棒极了。"于是，平板电脑的研究被搁置了，转而创造了移动电话的革新——iPhone。2007年7月29日，iPhone移动电话一经推出，就立刻吸引了消费者们的关注，市场空前的火爆。

对于苹果公司的无限热爱，使得乔布斯带领苹果不断攀上了成功的巅峰：2010年9月23日，苹果市值升至2658亿美元，奇迹般地超过了微软，更是将戴尔远远地抛在了后面。2005年，乔布斯在斯坦福大学毕业典礼上，激情澎湃地说道："我坚信让我一往无前的唯一力量，就是我热爱我所做的一切！"

乔布斯一直都是苹果公司的灵魂人物。苹果公司的每一次创新和进步，都跟他的性格息息相关，如大胆、创新、永不放弃、不怕困难、影响力大于金钱……正是这一切，才塑造了苹果过硬的品牌价值，从一个只有两个人的小公司起步，发展成全球瞩目的知名品牌。殊不知，乔布斯的这些优秀个性，皆源于他对事业的热爱，即使遇到再多的困难，他也从没停止自己前进的脚步。

第二节　幕后指导乔布斯

我始终对苹果一往情深，能再次为苹果的未来设计蓝图，我感到莫大荣幸！

——史蒂夫·乔布斯

1985年乔布斯离开苹果公司，不久后缺乏灵感和创新的苹果公司把自己的图形界面技术同微软Office做了交换，损失惨重。离开乔布斯的"苹果"逐渐"流失了营养，快枯萎了"。20世纪90年代，由于一连串判断错误和内部组织问题，苹果公

司的业绩像是无法抗拒地心引力一样直线下坠，已经走到了破产的边缘。苹果公司的股票价格从1992年的每股60美元，下跌到1996年年底的每股17美元，而这个时期，其他电脑公司的股票价格正在以2倍或3倍的速度上涨。苹果公司销售额从110亿美元迅速下降到70亿美元，市场份额也从处于领先地位的12%降到4%。

1996年起，苹果公司的发展开始下滑，核心人员持续流失，公司资金不断损失，公司几乎处于一个绝望的境地。1997年6月，苹果公司董事会收到一组财政报表，数据显示苹果公司出现了硅谷历史上最大的季度亏损。苹果公司董事会意识到，如果他们能做到两件事，或许就有六成机会来拯救公司，那就是解雇当时的总裁阿梅里奥，并请当时身为苹果公司顾问的乔布斯正式回归。

一个周一的清晨，阿梅里奥向苹果公司董事会宣布，他不再担任CEO。弗雷德·安德森接替了他的职位，他还告诉大家，乔布斯将在幕后进行指导。这时，乔布斯走上台，他穿着短裤、运动鞋和一件黑色的高领衫。他对众人说："好吧，告诉我这个地方究竟是哪里出错了。"不等有人回答，他便接着说："答案是糟糕透顶的产品。"这种魄力和直率不像是一个兼职顾问所该表现的，倒像是一个将心和灵魂全部投入到这家公司的掌舵者。事情很清楚：乔布斯要让自己的"孩子"重获健康，但他不会用任何有副作用的药。终于，离开了苹果12年的乔布斯重新回来了。对乔布斯而言，将苹果公司从财务深渊中解救出来，是一件艰巨同时也很刺激的挑战。

首先，乔布斯通知苹果公司董事会，现在的董事会成员需要全部辞职走人。在他看来，他们中的大部分人，包括阿尔梅里奥和前任的高管们，都要对苹果公司失败的现状负责。乔布斯清楚地表示，如果大部分的董事会成员拒绝辞职，他就立刻走人。董事会相信，史蒂夫·乔布斯确实是能够力挽狂澜的那个人。

　　有一位董事会成员，乔布斯虽然对他心存感激，却不想受其管制。这个人就是迈克·马库拉，苹果公司的一位投资人。乔布斯开车来到迈克家，亲自要求迈克辞职。令乔布斯高兴的是，迈克并没有认为自己受到了冒犯。就像乔布斯一直认为的那样，迈克是个好心的人。迈克和他待了一会儿，并且给了他一些关于苹果公司发展的建议："你需要让公司改头换面，做一些其他的东西，比如其他的产品或设备。你就像一只蝴蝶，必须经历一次蜕变。"乔布斯完全同意他的意见。

　　苹果公司总部位于加州库比蒂诺无限循环路1号。"循环"的意思是没有尽头。什么事物是没有尽头的呢？苹果公司将跌落到失败的谷底还是会登上胜利的巅峰？执着的乔布斯坚信自己可以扭转大局，让苹果公司再创辉煌。

　　1997年的8月，乔布斯在波士顿举行的MacWorld大会和苹果产品博览会上做出了重返苹果公司后的第一次公开亮相。观众起立对他致以热烈的欢迎，之后，乔布斯走上台来，向忠实的粉丝们发表了激情四射的演说。他强调，到场的这些支持者，只是2500万苹果忠实用户中的一部分。乔布斯列举了苹果存在的问题并提出了改善的方案。他提到一些尚在生产中的激动人心的新产品，他同样告诉人们，他并不会在当天介绍这些产品。相反，在结束演讲时，他强调苹果公司处于一个生态系统中，因此它需要得到其他伙伴的帮助，同样，它也需要给予回报。说完，他轻轻点了一下自己的幻灯片，身后巨大的屏幕上立刻出现了这样一个词语："微软"。顿时，观众席上响起一片嘘声。乔布斯没有停止讲话，因为他深知作为苹果迷，他们知道微软Windows这个很好的产品从何而来：它源于苹果首创的、基于GUI的操作系统。

紧接着，乔布斯为大家带来了惊喜：他宣布，微软同意继续为苹果用户提供可供Mac苹果机使用的Word软件，不仅如此，微软还将为苹果投资1.5亿美元。乔布斯深知这次投资的重要性，这会将苹果公司从破产的边缘拉回来。

第三节　力排众议　与微软合作

我觉得有了激情，其他一切都不是问题。

——史蒂夫·乔布斯

1996年，濒临破产的苹果公司召回了曾经被驱逐的创始人乔布斯，并收购了乔布斯创立的NeXT公司，希望借此创建一款新的操作系统，挽救苹果公司。回归后的乔布斯自感责任重大，为使苹果公司摆脱资金周转不灵的困境，他一边对苹果公司内部进行调整，一边以不曾有过的谦虚姿态寻求与盖茨合作。

1997年年底，在一个投资者会议上，一名记者问及乔布斯作为苹果公司的领导者应做些什么时，戴尔公司当时的首席执行官迈克尔·戴尔排挤乔布斯说："如果是我，我会关闭公司，把钱还给股东。"事实证明，戴尔错了，喜欢坚持到最后的乔布斯，再一次使一家病入膏肓的企业起死回生，苹果公司的股票，更是从低潮时的每股7美元飙升到每股74美元。

乔布斯一次又一次证明了坚持不但能成就个人辉煌，还能推动社会发展！

实际上，苹果公司的前CEO吉尔·阿梅里奥也曾想过与盖茨合作。他之所以没有跟盖茨签订协议，是因为他知道，如果将苹果公司的用户界面设计方案提供给微软，很可能会导致苹果公司丧失这一领域的优势地位，但乔布斯却不顾众人的反对，毅然签订了这份合作协议，因为他非常清楚这次回归苹果公司的责任，那就是重振苹果公司的声威。在这种责任感的驱使下，他甘愿背负风险。

可以说，乔布斯比任何人都了解苹果公司当时的处境，他知道如果苹果公司不与技术产业界最强大的公司合作，它将会陷入万劫不复的境地，那么，他这一次的回归就变得毫无意义。于是，在同年夏天举行的苹果世界产品会上，乔布斯公开表示苹果公司与微软已达成协议，并成功说服微软出资1.5亿美元投资苹果公司。就这样，乔布斯将微软这一竞争对手巧妙地变为了救命恩人。

虽然乔布斯的这一举动在当时引起了不少人的误解，但他对此却有着清晰的认识和独到的见解。他认为苹果公司与微软的合作并不意味着苹果公司向微软投降。相反，这是苹果重获新生的历史性转变。除此之外，乔布斯认为这是自己回归苹果公司的职责所在。因此，他顶着所有压力积极开展与微软的合作。

事实证明，乔布斯的选择是正确的。正是有了微软的资金援助，苹果公司才获得了"喘息"的机会，迅速推出了除了个人电脑业务之外的其他一系列产品和服务，如iPod音乐播放器、iTunes音乐商店和iPhone智能手机等。

第四节　大刀阔斧　重振山河

> 创新无极限！只要敢想，没有什么不可能，立即跳出思维的框框吧！
>
> ——史蒂夫·乔布斯

1997年，具有传奇色彩的乔布斯，重新执掌危机四伏的苹果后，实行了大刀阔斧的改革。为了彻底改变苹果公司以往的不良形象，乔布斯决定加大公司的广告投入。在重返苹果公司的第一年，乔布斯推出了"非同凡想"系列广告和iMac，向人们证明了自己的创意和远见还在。但是乔布斯能否运营好一家公司，大家仍持保留态度，因为在此之前，乔布斯并没有表现出这方面的能力。

1998年，苹果公司的广告预算提高到一亿美元，而"Think Different"（非同凡想）的概念也在这时正式被提出。"非同凡想"系列广告的问世，将乔布斯与众不同的差异化战略表现得淋漓尽致。

广告中，许多不同领域的"创意天才"，包括拳王阿里、摇滚大师鲍勃·迪伦、发明家爱迪生、物理学家爱因斯坦、电影导演希区柯克、甲壳虫乐队主唱约翰·列侬、CNN的创办者泰德特纳等人的黑白照片被穿插放映，照片放映结束后，屏幕上便出现了"Think Different"和苹果的LOGO。不仅如此，这些黑白照片还在大型的广告路牌、广告墙体和公交车身上四处闪现。

广告旁白更是意味深长：他们特立独行、桀骜不驯、行为出格，他们不按常规来看待事物，他们既不循规蹈矩，也不安于现状，你尽可以赞赏他们、否定他们、模仿他们、质疑他们、颂扬或者诋毁他们，唯独不能漠视他们，因为他们是世界的创新者，他们推动着世界向前跨步。他们好像疯子，其实却是天才，因为只有那些有信心能够改变世界的疯狂者，才是真正能够改变世界的人。

当这个广告刺激消费者去思考苹果计算机的与众不同时，它也促使着人们思考自己的与众不同。它让用户将苹果公司与那些与众不同的领袖、艺术家、科学家、思想家等联系在一起，并以此向世人宣告：苹果公司能像那些伟大的人物一样

改变世界！而消费者可以通过选择苹果电脑，也像那些伟大人物一样做到与众不同。

乔布斯事无巨细地投入到生产的每一个工作环节中，带领所有员工一起努力，这让曾经和他共过事的人很惊讶，因为之前的乔布斯是那样的桀骜不驯，世上没有任何条条框框能约束他。力挺乔布斯回归的苹果公司董事长埃德·伍拉德后来回忆说："他成了一个经理人，而非之前的身份——高管或愿景师。他的改变确实让我又惊又喜。"

乔布斯的管理准则是"专注"。他取消了多余的生产线，去除了正在开发的操作系统中一些无关紧要的功能。他还放下了对产品制造过程的强烈控制欲，把从电路板到成品计算机的制造全部外包了出去。这并不代表乔布斯开始当"甩手掌柜"了，相反，他对供应商的要求极其严格。

当乔布斯开始接管苹果公司的时候，产品的库存期已经超过两个月，这比任何一家科技公司都要长。就像一些需要保鲜的食品一样，由于技术更新换代非常快，计算机的库存期限也很短，如此长的库存周期会对利润造成巨大的损失，当时苹果公司的潜在损失已经高达5亿美元。到1998年初，乔布斯把库存期缩短为一个月。

乔布斯削减了一些多余的项目，对剩下的每一个项目都倾注了很多心血，严格要求，力求生产出精品。当他发现安邦快运下属的一家分公司运送零件的速度不够快时，立刻就让苹果公司的一个经理去终止合同。这位经理认为这样突然单方面终止合作可能会导致法律诉讼，乔布斯根本不吃这一套，他对那位经理说："你就去告诉他们，如果他们糊弄我们，那他们永远别想再从我们这儿拿到一毛钱。"

一边要面对乔布斯的强硬坚决，一边要面对因为毁约而被告上法庭的风险，哪边都不好惹，无奈之下，那位经理只好辞职了。后来这件事还是闹上了法庭，用了将近一年的时间才解决。"如果我能继续待下去，我的股票期权现在会值1000万美元，"后来那位经理说，"但是我知道我不可能拥有了——无论如何，乔布斯都会把我炒了。"

乔布斯要求新的经销商把库存减少75%，最终也做到了，因为他们能感觉到乔布斯不好惹。"乔布斯不能容忍丝毫差错。"这家公司的CEO说。

苹果公司的市值远超微软，作为如今最有价值的公司，苹果公司的产品并不多，甚至可以说非常少，但每款产品都是精品。这与他们的CEO乔布斯"简单""专注"的品质如出一辙。

在一年多的时间里，乔布斯改变了苹果公司的财政状况，并重新确立了苹果公司在商界的地位。21世纪即将到来，乔布斯和苹果公司都在期待，为充满无限可能性的未来积蓄新的力量。

第五节　招募顶级人才

> 保持团队的一流水平，是我工作的重要
> 组成部分。
>
> ——史蒂夫·乔布斯

　　每个人都想成为盖世英雄，但一个人的力量是有限的，不可能照顾到方方面面，而成功却是各方面的结合体。乔布斯不仅是一个追求卓越的个体，他也会为他的公司和团队吸纳很多卓越的人才，主动争取并招募更强者。乔布斯能够引领一批精英为苹果公司的发展奋发图强，让这些精英的能力得到无限释放，为苹果公司的每款产品烙上高科技的印章。

　　2001年，乔布斯在开设苹果专卖店时接受《财富》记者采访时说："拥有出色的人才，是公司的一大竞争优势，这一优势能让公司超越竞争对手，这或许不是一件容易的事，但如果能够找到顶尖高手，对我们而言就轻而易举了。因此，接下来，我开始打听当时最优秀的零售经理是谁。"

　　乔布斯在网罗优秀人才上，似乎有着非凡的力量。他一直在积极寻找世界上最优秀的人才，并使他们成为公司的员工。如果乔布斯觉得非常需要某个人，他就会千方百计地邀请对方加入，布鲁斯·霍恩就是一个很好的例子。

某个星期五的晚上，非常优秀的程序设计员布鲁斯·霍恩接到了乔布斯的电话，电话那头说："布鲁斯，我是乔布斯，你觉得苹果公司怎么样？""非常棒！但是很抱歉，我已经接受了其他公司的工作。"布鲁斯回答道。"别管它！明早你来我们公司，我们有很多东西要给你看。就在早上九点，你一定要来！"面对布鲁斯的拒绝，乔布斯依然继续争取着。

当时，布鲁斯刚刚接受了另一家公司的聘请，所以，他并未认真对待乔布斯的邀请，他心里想的是："乔布斯或许只是心血来潮，但我应该去一趟苹果公司，应付一下，我会漫不经心地听他说完，然后坚定地告诉他，我不能毁约。"然而，第二天乔布斯的表现，却彻底改变了布鲁斯的初衷。

当天，乔布斯召集了麦金塔电脑小组的每个人，包括安迪、罗德·霍尔特、杰里·默罗克以及其他软件工程师。在乔布斯的带领下，他们进行了整整两天的演示，将各种不同设计的绘图以及市场营销计划展示在布鲁斯眼前。没多久，布鲁斯就彻彻底底被征服了，因为这些计划让布鲁斯非常感兴趣，他从中看到了自己梦寐以求的未来。

为了成功说服布鲁斯加盟，乔布斯不但花费了两天时间向布鲁斯介绍苹果公司，还为他提供了1.5万美元的违约津贴。结果，星期一一大早，布鲁斯便打电话给之前他想去的那家公司，说他已经改变了主意。

乔布斯十分重视人才，他认为在寻求世界上最优秀的人才方面，他做的每一件事情都是值得的。在20世纪80年代初，为了研发麦金塔电脑，乔布斯亲手打造了苹果公司的第一支"A

级小组"，该小组的所有成员都是他亲自招聘来的。在招聘的过程中，他经常费尽心思地主动争取更强者。

乔布斯认为："保持我所在的团队的一流水平，是我工作的重要组成部分，为团队招募A级人才，是我应该做出的贡献……好的设计师要比糟糕的设计师好上100倍甚至200倍。在编写程序方面，优秀程序员与普通程序员之间也有着天壤之别。"正是这种理念，促使他总是全力争取某一特定领域的最优人才！

Steve Jobs

第八章　令人垂涎的苹果

Steve Jobs

第一节　数字音乐播放器iPod

站在别人的肩膀上进行价值创新。

——史蒂夫·乔布斯

　　截至1999年，全球互联网用户数量已经达到1.5亿，仅美国的用户就占了其中的50%。到2000年，大约60%的美国家庭拥有了至少一台个人电脑。综观美国，包括银行、医院、学校、百货公司、运输公司、餐馆在内的所有类型的产业都在使用电脑操控他们的日常工作。互联网发展迅猛，在2000年1月，美国历史上规模最大的一次"新""旧"产业间的合并发生了。互联网公司美国在线以1650亿美元收购了最大的传统媒体公司——时代华纳。合并后的公司被称为"未来的公司"，因为每个人都清楚地知道，书籍、音乐、电影以及所有的娱乐方式，终将在互联网上安家，这只是时间早晚的问题。

　　那时，大量的音乐出现在互联网上。虽然下载这些音乐文件进行共享或交易是违法的，但成千上万的歌迷仍然这么做。他们通常使用的下载工具是肖恩·范宁在1998年开发的一款名叫纳普斯特的文件共享软件。纳普斯特在全世界范围都非常流行，有超过6000万的用户。可以清楚地看到，数码下载将成为音乐传播的新方式和发展趋势。

接下来，苹果公司无疑要面临一个重大的转变。乔布斯考察了便携式摄像机、音乐播放器、照相机，以及其他组成消费者新型"数码中心"的产品，将所有这些设备连接起来，使它们均可活跃在互联网上。2001年，苹果的新产品彻底改变了人们获取音乐和欣赏音乐的方式，此时的乔布斯已经重新回到苹果公司并正式成为苹果公司的CEO。

首先，苹果推出了一款叫iTunes的软件，人们可以使用它对电脑上的数字格式的音乐进行分类和播放。接下来，苹果推出了一个全新的硬件：iPod。这个微小的机器拥有着优美的线条和简洁的使用体验，与之相比，之前推出的所有音乐播放器都像是老掉牙的恐龙。

乔布斯之前一直在督促他的设计团队推出一款音乐播放器，他不断地对他们施压，甚至高声怒吼。在夜以继日的工作之后，设计师们向他展示了他们最好的成果。乔布斯仔细端详着这款音乐播放器，用手轻轻地摇动，掂量它的重量。接着，他走到办公室的鱼缸前，将这个精美的iPod雏形丢进了鱼缸。

团队的成员顿时目瞪口呆。乔布斯看着它缓慢地沉到鱼缸底部，指着那些从设备里冒出来的小气泡，告诉大家那些气泡证明这个设备里面仍然有空气，也就是说，这个设备还可以做得更小。

终于，令乔布斯满意的模型做出来了。它就像一副纸牌那么大，只有6.5盎司重（不到四两），它极轻极巧，却可以存储1000首歌曲。存储量远远超过市面上的同类产品。用户可以旋转"转盘"控制，查看并选择在屏幕上出现的歌曲的名字，还可以通过一个超高速的USB连接器，在十分钟之内将一个完整的曲库从电脑上转移到iPod上。在这个音乐播放器的产品介绍中，乔布斯是这样说的："iPod是苹果电脑公司推出的一个完全新型的数字音乐播放器，它可以把你收集的全部音乐都放在口袋里，让你随时随地听音乐。有了它，欣赏音乐变成了一种全新的体验。"

但是，随着文件共享的情况日趋严重，很多音乐公司都遭受了损失。因为侵犯版权，联邦法院勒令关闭纳普斯特，但是对音乐公司的伤害已经形成。"随着网络和纳普斯特的出现，音乐公司的老板不知道该如何应对这些变化。他们中的很多人不使用电脑，也不发邮件，他们不知道纳普斯特已经流行好几年了。"乔布斯说。

乔布斯非常执着，他一次次地找到音乐公司的高层。"从一开始我们就认为那些从网上下载盗版音乐的人，80%并不是真的想做贼。但这是一种令人兴奋的获取音乐的方式，这是瞬间的快感。"

最后，乔布斯说服了这些音乐公司与苹果的iTunes商店合作。iTunes商店是一个数字服务站，它从五大音乐公司获取歌曲，再以很低的价格卖给iTunes的用户。《财富》杂志这样评价iTunes："真正给音乐贸易带来兴奋点的是，乔布斯刚刚在市场上推出了合法、可信的数字音乐服务。"

在2003年4月28日的产品介绍中，苹果在线音乐商店iTunes储备了20万首歌曲，之后不断有音乐添加进来。每一首歌的售价都是99美分，全部可以使用信用卡购买。消费者只需用鼠标轻轻一点即可购买一首或几首歌，甚至一张完整的专辑。iTunes商店还提供任意歌曲的30秒免费试听。此外，浏览和搜索音乐家及不同音乐体裁分类的功能更为iTunes的消费者开启了无限的音乐可能。

一开始，iTunes只对苹果用户开放。但是，乔布斯曾经说过，苹果是生态系统中的一部分——他们需要从其他伙伴那里得到帮助，同样，也需要给予回报。因此，他要求苹果团队开发的可供Windows系统使用的iTunes。他认为这不仅仅是一件正确的事情，也会立即扩张iPod和iTunes的市场。

仅仅8年后，iTunes音乐商店就已经达到了160亿的下载量，音乐的主要来源已经不仅仅局限于唱片店。乔布斯认为，演唱艺术和唱片公司都能够通过这种方式获益。

乔布斯的激情改变了苹果，也改变了世界。

第二节　完美的苹果操作系统

> 你的时间有限，所以不要浪费时间去过别人的生活。
>
> ——史蒂夫·乔布斯

2006年，苹果推出了带有Mag Safe 的 Mac Book，它的问世亦是乔布斯超前意识的成果！也许，在公司或者在家时，我们都曾被脚下的电源线绊倒过，又或者我们曾将桌子上的电器绊下来。相信谁也不想发生这些倒霉透顶的事。更要命的是，如果我们因为踩到电源线，而将自己的电脑从桌子上绊下来，并重重地砸到地上，那么，电脑里的重要文件很可能会被损坏。

为此，有先见之明的乔布斯，巧妙地设计了"Mag Safe"，它是一块连接笔记本和电源线的磁铁，通过这样的装置，用户可以轻松地将电源线和电脑进行分离，这样一来，重要文件被损坏的事就再也不会发生了。这个创意是乔布斯从日本人生产的电饭煲上"借鉴"来的。日本人生产的电饭煲，多年来一直都采用磁铁门闩锁的设计，就是为了防止人们被电源线绊倒时，将滚烫的电饭煲弄掉在地上。

当这款带有Mag Safe的Mac Book问世时，订单蜂拥而至！

乔布斯的完美主义在苹果公司新产品的研制中，体现得淋漓尽致。当时，在苹果公司负责Mac OS人机界面设计小组的柯戴尔·瑞茨拉夫认为，将丑陋的旧界面装在优雅的新系统上简直是个耻辱。于是，他很快便让手下的设计师做出了一套新界面的设计方案，新界面发挥了NeXTSTEP操作系统强大的图形和动画功能，但他却没有时间和资源将这个新界面植入Mac OS X之中。

数月之后，苹果公司所有参与OS X的研发团队在公司外面召开了一个为期两天的会议。会上人们开始怀疑如此庞大的新系统能否开发完成，当最后一个发言的瑞茨拉夫演示完新界面的设计方案后，房间里顿时响起了嘲笑声，大家都认为不可能再重新做界面了。瑞茨拉夫回忆道："这让我非常沮丧。"

　　两周后，瑞茨拉夫接到乔布斯助手的电话，乔布斯没有看到这个设计方案，因为他没有参加那次会议，但是现在，他想看一看这个设计方案。于是，瑞茨拉夫和手下的设计师们在一个会议室里等着乔布斯出现，他一露面，随口而出的却是："一群菜鸟！你们就是设计Mac OS的人吧？"

　　一向以追求完美著称的乔布斯十分气愤地抛出了那些字眼。设计师们怯怯地点头称是。乔布斯一口气指出了他对老版Mac界面的种种不满，他尤其讨厌的是，打开窗口和文件夹竟然有8种不同的方法。"其问题就在于，窗口实在太多了。"瑞茨拉夫说。

　　乔布斯、瑞茨拉夫和设计师们就Mac界面如何翻新的问题进行了深谈，直到设计师们将新界面的设计方案全部展示给乔布斯之后，会议才算圆满结束。"把这些东西做出来给我看。"乔布斯下了指令，设计小组夜以继日地工作了三个星期来创建软件原型。"我们知道这个工作正处于生死边缘，我们非常着急，"瑞茨拉夫说，"乔布斯后来来到我们办公室，和我们待了整整一下午，他被震住了。从那之后，事情就很清楚了，OS X将有个全新的用户界面。"

　　乔布斯对曾经跟瑞茨拉夫说的一句话印象深刻："这是目前我在'苹果'所看到的第一例智商超过三位数的成果！"瑞茨拉夫对于这句赞扬喜形于色，因为对于乔布斯而言，如果他说你的智商超过100，这就是一种莫大的认可。

　　乔布斯虽不是技术人才，却是"一个技术标杆"。苹果公司新品研发过程中，那些有着强烈自尊心的工程师们，常常难以忍受乔布斯的挑剔，以至于没有人可以跟乔布斯合作一次以上。然而，无论是苹果公司的技术人员，还是合作伙伴都承认，乔布斯的完美主义让他们做出了远超自己能力的成果，即使那些他参与不多的产品，也会因为他的最终审核而提升水准！

乔布斯曾说："苹果公司的目标是制造世界上最完美的产品，而不是全球最大或者最富有的公司。"凭借苹果公司的实力，倘若乔布斯去股市淘金当个庄家，翻云覆雨简直易如反掌；他也可以去做房地产，日进斗金绝对不在话下，但他却选择了尽职尽责地做好一件事，那就是创造世界上最完美的产品。假如他面对外界的诱惑心猿意马，便不会成为后来的乔布斯了。

乔布斯不仅仅对苹果公司如此，他自己更是以身作则。为了让苹果产品成为世界级的顶尖产品，他始终如一地苦心钻研着创新之道，从iMac、iPod、MacBook Air、iPhone，再到iPad，苹果推出的所有产品，无一不体现出乔布斯的无限创意和对完美的追求，即便是他涉足的动画产业，亦是为了创造出最完美的动画片。

1999年，苹果推出第二代iMac时，乔布斯重新定义了计算机的外形，让人们知道电脑除了实用性之外，也可以拥有独特、炫目的外观：iMac有着红、黄、蓝、绿、紫五种颜色。他在发布会上说："它让你想舔上一口！"为了尽职做好"制造完美产品"这件事，当市场上充斥着各种颜色的播放器时，乔布斯却推出了纯白色并且薄得像一张卡片那样的iPod，再次引领了时尚潮流。

第三节　iPhone 令你一见钟情

没有我做不了的，只有我不想做的。

——史蒂夫·乔布斯

21世纪初期，乔布斯和他的苹果团队就一直在尝试研究多点触摸界面。这个有趣的名字的含义是，人们仅用手指触摸屏幕就可以实现滚动或更换屏幕上的画面。在这个顶级机密项目的一次演示中，乔布斯突然意识到他手中正握着的东西可以安装上这项顶级技术，摇身变成一个迥然不同的设备，这个东西就是手机。

那时，一些手机生产厂家正在生产"智能手机"，智能手机可以实现很多打电话和接电话以外的功能。它们带有日历，并且可以收发邮件。但是，还没有一台智能手机可以存储音乐。乔布斯认为，智能手机将很快增加音乐播放功能，到那时，iPod的销售将受到极大影响。他吩咐他的团队先搁置这个"顶级机密"的设备，用这项屏幕触摸技术先制造出一台能播放音乐的手机。他们那时计划给这台手机取名字为"酷毙了"。

2007年1月，苹果召开了新品发布会。乔布斯走上台去，着装仍然保持着惯常的运动风格：运动鞋、蓝色牛仔裤和一件黑色高领衫。在他身后是一面巨大的屏幕，而他手里拿着一个控制屏幕画面转换的"遥控器"。

　　表演者史蒂夫·乔布斯对台下的观众说："两年半以来，我一直在盼望着这一天。每过一段时间就会出现一件足以改变一切的革命性的产品。"他拿出了三件革命性的产品：一个宽屏带触摸功能的iPod、一部手机，以及一个突破性的通讯设备。他多次提到这三种设备，这时，它们分别出现在屏幕上，渐渐融合成了一个单独的立方体。然后，他幽默地问观众："你们明白了吗？这不是三个独立的设备，这是一台设备。我们将它称为iPhone。从今天开始，苹果将要创造全新的手机。"观众们欢呼起来。

　　2008年，乔布斯从一个小小的牛皮纸袋里拿出了新鲜出炉的MacBook Air。当时，没有人想到这竟然是一台电脑——他的创意又重新定义了笔记本电脑的外形。紧接着，乔布斯推出了只有一个按键、全部采用触摸屏控制技术的iPhone手机，用乔布斯的话说："iPhone是一款让你一见钟情的手机！"

　　事实证明，乔布斯的话没有错，世人对iPhone都爱不释手。

　　从那时开始，手机制造商便想要复制乔布斯和苹果公司所做的事情。然而，iPhone的很多技术都被注册了专利，只能供苹果公司独家使用。幸运的是，这部手机仅仅在上市的最初两天，销售量就超过了27万台。

　　在发布会上，乔布斯还宣布了另一个影响深远的决定："我们将'电脑'一词从公司的全称中去掉，从今往后，我们就是'苹果公司'，这样可以直接反映出我们今天拥有的多元化产品。"

2010年6月8日，苹果公司年度盛会正式开幕，在本次大会上，乔布斯正式发布了一直备受瞩目的苹果第四代手机——iPhone4！

第四节　iPad从天而降

就在那里，将互联网放在你手中。

——史蒂夫·乔布斯

2010年，苹果iPad再次颠覆了人们对电脑的印象，电脑不但可以颜色多样，可以放进牛皮纸袋，还可以只是一个平板屏幕，不需要使用键盘和鼠标。假如乔布斯还尚在人间的话，也许有一天他会什么都不带地出现在发布会上，并说苹果公司的新品是一个按钮，只要轻轻一按，模拟电脑就会出现在空中，想必世人对此也会深信不疑！

乔布斯和苹果公司的团队在想些什么呢？从乔布斯的想法、观点和抱负中可以找到一些线索。1984年，在一次采访中，乔布斯谈到了对下一代电脑的展望："未来的电脑就像是一个住在盒子里面的小人儿，他会预料到你想做什么。"那位记者提醒他之前的愿望："你曾经说过想做一台可以放在孩子的游戏房中的电脑，它将成为孩子的玩伴。"乔布斯的回答是："别提孩子了，我自己都想要一台！"

接着，在1985年，当另一位记者问到小型便携式电脑时，乔布斯说："请耐心等待，直到我们把它做出来——我们会将麦金塔的功能装进一本书那么大的东西里。"

2010年1月27日，乔布斯终于完成了那个作为顶级机密的梦想产品。他准备好了，像以往一样，他站在讲台上，穿着他的"标准着装"——蓝色牛仔裤和一件黑色的高领衫。在他的右后侧，屏幕上展示了一台闪闪发光的苹果笔记本电脑，在他的左后侧的屏幕上是一张iPhone的图片。他问观众，有什么设备可以做到一切事情，但又不仅仅是笔记本电脑或者手机呢？此刻，一个大大的问号出现在屏幕中间。

苹果公司即将展示给世界这样一个设备。

问号一闪而过，接着像是从天而降的礼物一样，一个词语iPad落了下来，驾着一片松软的云朵轻轻着陆。随后，一个黑色屏幕的平板电脑出现在屏幕上。乔布斯解释了iPad的上网和收发电子邮件的功能。它可以存储和播放音乐，收藏和显示图片，还可以阅读电子书。它"就在那里，将互联网放在你手中"。

这就是乔布斯和他众多的苹果员工多年来一直在研究的东西——这个项目的研发过程甚至比iPhone还要长。

"其实，我最开始研究的是这个平板电脑。我一直想摆脱键盘，并且在多点触摸的玻璃显示屏上打字……而在6个

月后，大家找到我，向我展示了这台样机，它令人着迷。这是2000年年初的事情……我将平板电脑的项目搁置了，因为iPhone项目在那时更加重要。"乔布斯说。

iPad到底是什么？一个被美化的手机，还是一台灵巧的笔记本电脑呢？实践证明了它可以做到更多的事情。从它发布的那一分钟起，各种软件开发商就在为它设计应用程序，这些应用程序简称为"app"。是的，这些应用中有很多游戏，但同时也有地图，还有那些可以用各种语言说话的app。iPad的用户在不断地探索属于他们自己的、全新的、有创意的使用方式。"我认为，使用一台iPad的体验将会深刻影响很多人。"2010年，乔布斯对一名记者说："人们会发现这种体验是多么让人沉浸，也会发现你将如何直接地与它交流，唯一能够准确描绘这一感觉的词语就是'魔力'。"

如果将一台iPad递给一个小孩，即使他还不会站立、不能说话，更不会握笔，他却能凭本能就知道手指该如何在屏幕上滑动。很快他就可以玩游戏、听故事、与这个世界互动。他手中的不只是一个游戏机，他掌握了交流的方式。

那些患孤独症的孩子以及他们的父母都发现，这些孩子在交流、学习、进步，并用iPad表达他们的心愿。中风患者使用iPad帮助他们康复。医生和保健机构使用iPad记录患者的病历，或者向他们展示X光片。学校系统采用iPad作为学生的学习工具，戏剧性地提高了学生阅读和数学的成绩。iPad也已经应用于协助残疾人在选举中投票。

在1985年的一次采访中，乔布斯被问到，他认为未来的电脑应该是什么样的。他并没有给出明确的回答。相反，他举了电话的发明者亚历山大·格雷厄姆·贝尔的例子。如果贝尔当年被要求预测电话发明的100年后人们将怎样使用电话，乔布斯说："他绝不会预料到……电话将怎样影响世界。"

乔布斯和他的团队创造出的这些卓尔不凡的产品，未来的人们将会怎样使用它们？下一代人会被史蒂夫·乔布斯的激情所点燃，也去创造一个"酷毙了"的、能在宇宙中留下印迹的产品吗？

第五节　苹果体验店

> 我们的目标是站在科技与人性交汇的地方。
>
> ——史蒂夫·乔布斯

2002年，乔布斯从做了4年的临时CEO位置上，刚刚转正一年，此时，他就迫不及待地向《时代周刊》表示："我宁愿和整个索尼竞争，而不是和微软的某一个产品竞争。我们是唯一拥有产品全部体系的公司，硬件、软件和操作系统我们都有，我们有能力全部承担用户的体验，有能力做许多其他公司做不到的事情。"他还大胆或者说任性地提出了要建立苹果自主品牌的专卖店。

当时，乔布斯就想占领音乐市场，如今回想起来，在iPod仅仅推出一年之时，苹果的产品甚至还不够填满专卖店。"他（乔布斯）的这个策略让董事会很紧张，"苹果公司的高管比尔·坎贝尔说，"但他知道这是消费者们想要的。"尽管乔布斯建立苹果专卖店的想法遭到质疑，他依然执着地实施着。最后，在短短数年的时间内，苹果专卖店已经遍地开花了，偏执的乔布斯就是如此神奇。

当苹果新产品将要面世时，销售方面就开始了新计划。这时，乔布斯提出了苹果体验店这一概念。按照乔布斯自己的说法，那是一个"贩卖生活方式"的地方。用户能够在那里体验到苹果的数字生活方式，并且，在他们离开时，很有可能会带走一台机器。

刚开始，乔布斯就将苹果体验店的地址定在了人流量大的街区。不过，这一决策遭到了普遍的反对，因为人流量大的街区，地价也贵得惊人。有人建议将体验店开在租金较低的郊区商业街，但乔布斯却坚持要将体验店开在高端购物商场和时尚购物中心，他明白吸引用户的机会往往会稍纵即逝。

对于这个"冒险"的决策，乔布斯解释道："一方面，苹果的核心用户是一些生活在繁忙都市中的人，他们不可能为了购买苹果的新电脑驱车到偏远的郊区；另一方面，苹果的潜在用户需要苹果将体验店开在更接近他们的地方，这样苹果才能获得让他们走进店里挑选产品的机会。然后，才有可能使出浑身解数迷住他们，让他们变成自己的忠实用户。"

关于苹果体验店的选址，乔布斯是这样分析的："很简单，苹果的粉丝或许会为了购买苹果产品，开车去苹果专卖店，但对于Windows用户来说，他们不会开车去什么特别的地方，他们可能觉得自己不需要Mac电脑，没必要花上20分钟开车去瞅瞅，他们担心自己压根儿就不喜欢苹果。但如果我们把店面开在大商场里或者大街上，人们会经常走过路过，而我们就可以将20分钟的车程缩短为20步的距离。然后呢，他们进来参观的可能性就大大增加了，因为这样就不用付出什么成本了，所以我决定将苹果专卖店开到车流密集的区域。"

乔布斯将体验店地址的选择提升到了战略的高度。为了将苹果体验店的地理优势挖掘到极致，苹果公司还搜集了大量的信息，他们使用了人口普查资料以及已登记顾客的相关信息，甚至还考虑到了商店位置周边是否有主要学校以及主要公路等因素。当然，找到一个好位置是需要时间的，为了将苹果体验店开在旧金山一个绝佳的位置，乔布斯耐心等待了三年。

乔布斯对于自己所热爱的事业的激情和追求完美的精神最后相互融汇，演奏出苹果的完美乐章。

Steve Jobs

第九章　成功的真品质

Steve Jobs

第一节　追求卓越，成功就在身后

成功没有捷径，你必须把卓越转变成你身上的一个特质，最大限度地发挥你的天赋、才能、技巧，把其他所有人甩在你后面！

——史蒂夫·乔布斯

曾经有个小故事是这样的：小狗总是想追到自己的尾巴，但是无论它怎么跳、怎么跑，都无法追到自己的尾巴。所以，小狗有些沮丧。狗妈妈看到小狗的样子，笑着对小狗说："孩子，只要你一直向前走，你的尾巴就会一直跟着你的，你不用费劲地去追它。"

无论遇到什么样的环境，无论遇到什么样的经历，能够尽自己最大的努力去做的人，永远都是最接近成功的人！无论成与败，乔布斯始终只是一个人，不过，他跟平凡人的区别就在于，任何一件事他都会尽自己最大的努力去做，他的成就也来源于对自己工作的不懈努力。

1998年，乔布斯从惠普公司挖来了杰夫·库克。在评估杰夫与其团队的第一次会议上，他就让杰夫知道了自己的做事原则——必须执行他的命令，没有第二条路可选。事实上，乔布

129

斯从来不设置B计划，他想做的事就一定要完成，而不是找另一个目标来代替，也正是因为如此，苹果才能推出一个又一个精品！

在苹果电脑公司服务支持部门的一次会议上，乔布斯径直走了进来，将在场的所有人批评了一番："服务业务在我们公司糟糕透顶，这群业务人员全都没长大脑！"会议室内的人员都被乔布斯这番话吓呆了。负责服务部门的副总裁杰夫向乔布斯讲述了自己为期3个月的改革计划，对此乔布斯冷冷地回应："杰夫，那可能是你在惠普的工作方法，但我不要3个月，我希望一夜之间就能改变。"

起初，杰夫见识到的是乔布斯天使的一面：他彬彬有礼、富有理智地向杰夫诉说自己的梦想，他希望个人电脑能像烤面包机一样易于使用，并得到全社会的认可，可是不到一周，杰夫就见识到了乔布斯魔鬼的一面。在惠普公司，一般情况下杰夫都可以自主行事，而在苹果公司一切都由乔布斯说了算，并且从不给别人退路。于是，在这个岗位上干了4个月后，杰夫因无法忍受乔布斯这种专制的领导方式而辞职，但他仍然相信乔布斯是一位了不起的领导者。

在苹果公司，时常会听到乔布斯说出这样的话："这款笔记本的大小不能超过一个记事本的大小！""我希望有一天这个电脑能够被装进牛皮纸袋里。""外观应该更加漂亮一些！"尽管设计师对乔布斯的要求满心抱怨，甚至还抛出过狠话："这对我们来说，太难了，根本就是幻想！"然而，让人始料未及的是，乔布斯的回应却更狠："这个世界上一定有能够完成它的人。如果你不想成为那个人，那么，我们也可以找到其他想完成并且有能力完成它的人！"

最终的赢家还是乔布斯，2008年，世界上最薄的笔记本电脑在苹果公司诞生了，他小巧到可以直接装进牛皮纸袋里带走。

一个出色的领导者，知道如何为员工设定一个高标准，并激励他们知难而上，乔布斯就常常将种种不合理以及不可能完成的任务强加在员工身上，以此来培养他们的精湛技术和追求卓越的品质。这种做法往往会产生两种后果：要么是员工因无法完成任务而走人，要么就是达到预期目标，甚至超越极限，制作出卓尔不凡的精品。

1983年8月1日，乔布斯与团队开电话会议，为了一次路演而讨论麦金塔电脑最后阶段的整合问题。在这次路演中，苹果公司将正式推出最新款的电脑，乔布斯坚决要求在展示电脑时，随机软件决不能是测试版，否则会影响新款电脑的形象，但路演的时间已经迫在眉睫，团队所有的成员都认为不可能在最后一刻完成正式版的所有工作。他们纷纷向乔布斯求饶，希望这次先使用测试版。然而，乔布斯对此充耳不闻，也没有像大家担心的那样暴跳如雷，他反而鼓励大家，说他对大家寄予了很高的期望，并相信他们一定能在最后期限前完成工作，接着就不容大家分辩地挂断了电话。所有的人都呆住了，为了这次路演，他们早已筋疲力尽。最终的结果是乔布斯再一次成功了，大家按时完成了工作。

与乔布斯一起工作6年的托德·鲁伦·米勒，十分熟悉乔布斯的这种管理风格："乔布斯怒骂你、恐吓你、挑战你的能力，然后将你吓倒。他用这种方法逼你创造奇迹——他会问你：'你认为你做得对吗？'如果你不够自信，或者缺乏胆量，或者束手无策，那你就失败了。对我而言，这是锻炼自己性格的最好机会！"

毫无疑问，乔布斯就是卓越的代名词，他简直将这种品质发挥到了极致，因为每一款苹果产品的问世都是一种飞跃；每一次新品主题演讲的举行都会引起轰动。乔布斯具有接受各种挑战的能力，这种能力让他能够冲破一切艰难险阻，不断超越自己、释放能量，直至最后成就自己。

追求卓越是每个人努力向上的一种标志，但如何将卓越变成自己身上独有的特质，却只有乔布斯知道答案，他以行动告诉我们，其关键在于能否接受接二连三的挑战。如果不信请回过头看一看乔布斯的成功，便不难发现他是一个多么喜欢挑战的人。当苹果公司开发一款新品时，乔布斯都会千方百计向高难度挑战，甚至可以说，苹果公司的发展离不开他的自我挑战。

早在苹果公司创立之初，乔布斯的目标就是研发一款性能超过以前所有个人计算机的产品，设计电脑Lisa成了他当时最大的梦想。当时，一家名叫施乐的科技公司，拥有最尖端的技术、顶级的计算机技术人才和最好的设计方案。那里还有被誉是"乌托邦般的计算机技术王国"的帕洛阿尔托研究中心。可以说，那是计算机研发的圣地，是无数人向往的地方，乔布斯无疑也被深深地吸引了。

然而，帕洛阿尔托研究中心对外是保密的，乔布斯要了解那里的一切并不容易。所以，追求卓越的乔布斯开出了诱人的条件，不惜花费100万美元去帕洛阿尔托中心考察。当乔布斯到达以后，该中心向他展示了Alto的工作流程，它不需要用户选择时再输入复杂的命令，而是通过一个移动的叫"鼠标"的设备，完成所需要的指令。

更让乔布斯心动的是，Alto可以在计算机屏幕上自由地选择菜单、自由地切换窗口，用户可以看到可移动的重叠窗口，此外，这部计算机最具魅力的地方是有一个网络系统——以太网，这个网可以使办公室内多台计算机共享文件和信息——这个网络系统已经使用至今了。

Alto是现代个人电脑的基本雏形，能超越如此伟大的发明，无疑是一个巨大的挑战，而Lisa能否媲美Alto对乔布斯来说也是个未知数。追求卓越的乔布斯没有被吓倒，他从中得到了启发，从用户界面、鼠标、局域网络、文件服务器到创新的软件应用程序，这些都是他想要的东西。于是，回到公司后，他说道："今天，我们就是要把不可能变成可能，在创新思维上动动脑筋。"他下令Lisa的设计要向着Alto的方向努力，并要求在此基础上继续创新。

与此同时，施乐公司的泰斯勒因得不到公司重用，跳槽来到了苹果公司，并成为苹果公司的一名技术专家，后来，数位施乐公司的计算机天才都相继加入了苹果公司，这些人才的加入，无疑让乔布斯对Lisa的成功充满信心。1983年Lisa问世，与Alto相比，不论从外形还是功能都有过之而无不及，只可惜

和创造世界名牌的人

一起放飞梦想

由于当时乔布斯对市场估计不足，以致Lisa定价过高销量不多最终被迫叫停，虽然如此，但Lisa的研发已经为苹果公司开了一个好头。后来的苹果产品都是在Lisa的基础上改造创新的成果。

1983年1月19日，苹果公司发布了由乔布斯领导研制的新一代电脑Lisa。Lisa是全球首款采用图形用户界面（GUI）和鼠标的个人电脑。但在Lisa面市时，苹果公司没有考虑到消费者对电脑消费的承受能力，当时的售价为9935美元。如果将美元贬值因素考虑在内，折算成当前的售价高达20807.06美元。

苹果公司再次推出了一款超越它所处时代的产品，但由于昂贵的价格和缺少软件开发商的支持，使得他们再次失去了获得企业市场份额的机会。最后，Lisa在1986年被终止。业内人士一致认为，Lisa项目是苹果公司最大的失误之一。然而，这次失败对于苹果公司和乔布斯来说，却有着非比寻常的意义，因为自此之后，乔布斯对产品的定位更加清晰了。

在乔布斯看来，如果尊重失败，并从中得到教训，那么就不是真的失败。正因如此，乔布斯在Lisa失败后吸取了教训，并坦言说："正是它真正地挽救了'苹果'。"

显然，这样的挫折阻止不了追求卓越的乔布斯，也改变不了他敢于接受挑战的性格，所以，他十分自信地说道："没有我做不了的，只有我不想做的。"紧接着他继续进行对计算机的研究，并推出了众多引爆市场的电子产品。

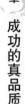

第二节　有责任才有目标

　　带着责任感生活，尝试为这个世界带来点有意义的事情，为更有价值的事情做点贡献，这样你会发现生活更加有意义，生命不再枯燥！

——史蒂夫·乔布斯

　　乔布斯常说："每个人办事情都要有一种使命感。"他就非常清楚自己的使命，那就是保持苹果公司的活力。因此，自苹果公司创立以来，他便致力于将其打造成一支精英团队。为了达到这个目的，他不惜让员工惧怕自己、远离自己，让自己扮演着"魔鬼"的角色，极力清除企业里的"笨蛋"。

　　1995年，乔布斯在接受媒体采访时说："要开除那些能力不济的人，真是一件痛苦的事，但这就是我的工作：发现笨蛋，并将他们开除。我一直都非常讨厌以仁慈的方式做这件事。不管怎么样，这是我必须做的事，尽管这从来都不好玩。"乔布斯之所以这样说，是因为他肩负着发展苹果公司的使命，在这种使命感的驱使下，他决不能容忍任何一个"笨蛋"的存在！

　　也正因为如此，乔布斯认为，一个团队里最大的敌人就是

"笨蛋"。

一直以来，使命感令乔布斯管理之下的苹果公司成了一家充满活力的企业，他的员工个个精神饱满、精明强干，因为他无法忍受一个"笨蛋"影响公司生机勃勃的面貌。苹果公司永远是精英者的天下，苛刻的乔布斯让弱者没有丝毫立足之地。

据说有一次，乔布斯为了一颗螺丝大发雷霆。当时，乔布斯要求一位设计师在设计麦金塔电脑时，不能有一颗螺丝裸露在外面。然而，那个严格来说不能被称作"笨蛋"的家伙，居然将一枚螺丝钉藏在一个把手下面，当乔布斯发现以后，结果可想而知，他立刻就被乔布斯扫地出门了。

乔布斯这种残酷的用人政策，一度在苹果公司造成恐慌，员工们更是谈乔布斯"色变"。有一天，爱开玩笑的苹果工程师拖格纳志尼，拿出了一个抄袭的程序给同事们看。于是，大家就围在机器旁说说笑笑。这时，乔布斯走了进来，骂人的话像机关枪扫射一样从他的嘴里蹦出来，他批评他们只会做些无聊的事情，浪费工作的时间，紧接着，乔布斯便咆哮起来，面若冰霜地要求他们将程序删掉后各回岗位。大家顿时屏声敛气，一言不发，他们早已了解乔布斯的脾气。

对于乔布斯雷厉风行的作风，苹果公司的工程师赫茨菲尔德深有感触！

1981年，苹果公司准备启动麦金塔电脑设计项目，这一计划需要从内部员工调配精兵强将组成一个工作小组。赫茨菲尔德是一名非常优秀的程序工程师，他以前一直都在第二代苹果电脑小组，乔布斯想将他吸纳到麦金塔计划的小组里。然而，赫茨菲尔德当时却对苹果公司于1981年准备实施的一项解雇计划十分不满，故而提出了自己的疑问，甚至还表达了要离去之意。

与此同时，赫茨菲尔德在自己的言辞里，也表达了他乐意为麦金塔计划工作的意愿。事实上，当时他的内心非常矛盾，对自己的去留更是迟疑不决。

就在这个迷茫的时期，乔布斯走进了他的办公室，开门见山地问赫茨菲尔德："你究竟参不参加麦金塔电脑小组？"

赫茨菲尔德的回答依然含糊其辞，他说："我有这个想法，不过现在我感觉待在苹果公司了无趣味。乔布斯，我可能要离开公司，解雇计划让我心里不痛快，你这种做法是不对的！"

乔布斯快刀斩乱麻地说："那很好，来啊！你马上就能着手工作了！"

"什么？"赫茨菲尔德没有想到乔布斯会如此快地做决定。

乔布斯说："我是说，你搬过来，从今天起就可以为麦金塔电脑小组工作了！"

"好吧！再等一下，我还必须处理点事情，大概需要几个星期才能完事！"

"不行！我需要你立刻行动！"乔布斯干脆将赫茨菲尔德桌上的第二代苹果电脑关掉，紧接着拿出碟片、拔掉插头，然后抱着整台电脑，嘴里说："来，现在我就送你过去，如果还需要什么东西，晚些再回来拿！"

面对乔布斯一系列的动作，赫茨菲尔德只好乖乖地跟着他走。显然，此时是乔布斯的果断作风发挥了效力，他丝毫不容赫茨菲尔德再有犹豫的机会，倘若赫茨菲尔德再花上几个星期考虑的话，那么，很可能到时候的情形便会大不相同了！

第三节　创新永葆青春

不要拖延，创新需要立刻开始实施！

——史蒂夫·乔布斯

古往今来，人类的一切智慧成果无不体现着变化的力量：科技因变化而进步，社会因变化而美好，成功亦需要这种变化的支撑。唯有不断注入破旧立新的变化，才能获得成功的契机，乔布斯的成就已经证明了这一点。在乔布斯的观念中，世界上唯一不变的就是变化。他的每一个创新都必须具有变化，不被自己的思维所控制——正是他不断创新的动力和源泉。很多时候，阻碍我们发展的，常常就是自己固定的思维模式。由于无法再有新的突破，我们只能眼睁睁地看着机会错过，看着成功离我们越来越远。因此，我们必须学会跳出思维的框架，创新才是永恒。

在人们的观念中，电子产品的创新永远都在技术上，从低俗到高雅，从繁琐到简洁是每一个人追求的理念，但乔布斯没有局限在这个技术创新的框架内，而是将目光投放在了价值创新上——他于1998年推出了新型个人计算机——iMac。这在那个追求纯粹技术的年代，真可谓是一个颇有力度的变化！

上市的第一款iMac，型号为iMac3G。乔布斯在设计的过程中，早已不满足"沉重大箱子式"的计算机。于是，他使用了233MHz处理器，以及拥有2MB显存的显卡。不仅如此，iMac还大量使用了铝合金材料，这使产品看上去十分整洁，不会出现线缆繁乱的情况，很符合现代年轻人的审美观，也能够融入到家里的一体化装潢之中。

当第二代iMac的设计图纸被送到乔布斯手中时，他对第一代iMac的缩小版非常不满意，他觉得那样看起来就是一个普通的电脑。他立刻找来负责的设计师，乔布斯和这个设计师一起在花园里边散步边思考，试图找出一个改变的突破口。后来，乔布斯逐渐理清了自己的思路，他觉得iMac应采用一体设计的思路，主机和显示器集成在一起。他对设计师说："每件东西都必须有它存在的理由。有时你可能需要从它的后面看，为什么必须要有个纯平显示器？为什么必须在显示器旁边放一个主机？"

2003年1月7日，苹果推出了新的iMac产品——iMac G4，这次的新产品终于摆脱了以往的设计风格，显示器采用了15寸的LCD，通过一个可摆动的器臂来定位，并采用了当时被称为是具有未来感的外观造型。2004年8月31日，苹果电脑又推出了全新的iMac产品，它使用了17寸或20寸宽屏液晶显示器，电脑的全部配件都集成在显示器屏幕后面，一共有2厘米厚。

2006年，iMac Intel核心版本推出，并随后将屏幕尺寸提高至24英寸。苹果公司以外的厂商，在一体机市场走得不太顺利，像惠普、戴尔、神舟等偶尔推出一体机机型的厂商，只不过是借此来表现自己有一些变化，只有乔布斯领导之下的苹果公司，将一体机当作变化的创新目标。凭借iMac这种不断的变化，不但赢得了无数的掌声，也为苹果赢得了良好的业绩。

IBM在2006年曾用过这样一句话作为广告标题："What makes you special？"（是什么让你与众不同？）如果用这句话来问乔布斯的话，答案一定是不断改变——创新！素有"首席梦想师"之称的乔布斯，已经将设计出最完美的产品作为自己唯一不变的追求。虽然他在很多产品战略上不是开创者，但他绝对不会做一名跟风者，只会做勇于创新的领袖！

对于渴望成功的人而言，没有什么事情的重要性能超过创新。即使我们非常勤勉、非常谦虚，但如果没有创新作为"增值的资本"，我们只能永远是一个跟风者，不可能成为像乔布斯那样的领袖，若想做到这一点，我们就必须跳出自己的思维框架，学会不断改变思维的路径，以寻求获得成功的机遇。

勇于跳出思维的框架，这是不落俗套、免于被动落后的不二法则。著名企业家本田宗一郎就曾说过：光看别人脸色行事，把自己束缚起来的人，不可能突飞猛进，尤其是不可能在科学技术日新月异的年代里生存下去，因此就会掉队！在科技高度发达的今天，人的思维空间也可以无限发展，它就像曲别针一样，至少有亿万种可能的变化，只要我们得其一二，便能成功在望。

在乔布斯如此活跃的思维之下，现如今的苹果公司已经不仅仅是一个简单的电子消费品企业，而是一系列天才般创意产品的"孵化场"。精致的外观、独特的设计……在频频为用户带来惊喜的同时，也让"苹果"一跃站在潮流的尖端，成了大家竞相追逐的时尚标杆，而这一切的成果，与乔布斯永远都填不满的"脑袋"，以及整个苹果公司持续不断的创新是分不开的！

苹果公司从濒临破产到发展成为一个庞大的企业帝国，不得不说是在乔布斯"永不满足，不断创新"的理念引导下完成的。乔布斯在所有标新立异的产品名称之前都加上了那个决定性的小写字母"i"。他知道，消费者们都强烈地要求电脑能够接上互联网，而这台电脑可以让他们更快捷、更轻松地在网上冲浪。乔布斯认为"i"可以代表个性（individual）、引导（instruct）、资讯（inform）和灵感激发（inspire）。

在技术界反复流传着这样一句话："预测未来的唯一办法是发明未来。"这句话出自电脑先锋艾伦·凯之口，毫无疑问，乔布斯就是这一阵营里的人！一直以来，乔布斯都生产着业内最棒的产品，从电脑、手机到动画，无不体现出他特立独行的超前意识，正是这种意识让他敢于破坏原有的秩序，一次又一次将自己的创新理念付诸实践，从而获得今天的成功！

第九章　成功的真品质

和创造世界名牌的人

一起放飞梦想

Let the dream fly

第四节　简约就是永恒

> 其实简单比复杂更难，你必须尽力理清
> 思路才能做到简单。
>
> ——史蒂夫·乔布斯

正是因为乔布斯求学时的丰富经历，所以在乔布斯的人生中，无论是对自我价值的追求，还是对"苹果"产品的设计，甚至包括对公司的管理和运营上，乔布斯都主张"简约的才是永恒的"。

乔布斯认为，复杂的极致即简约。所以，在他的家里，所有的装修都体现出他的"节约"主张。他的起居室是这样布置的：一套音响设备、一个摆了一半书的书架、一盏蒂芙尼最老的灯，还有他的冥想垫。他的卧室同样是空荡荡的，地上放着他的床垫，墙上挂着黑白照片，照片上是他一直渴望能见面的尼姆·卡罗里，还有著名的物理学家阿尔伯特·爱因斯坦。无论从iPod或iPhone的设计、苹果产品的包装还是苹果公司网站的设计上看，乔布斯的创新就意味着删繁就简，突出精要。

苹果前任CEO斯卡利曾说过："乔布斯的方法论区别于其他所有人的地方在于，他总是相信你所做的最重要的决定不是你去做什么，而是你不去做什么。他是一个简约主义者。"

受乔布斯的影响，在苹果公司，设计师们宁可放弃产品的一些附加功能，也不会让产品新增特性伤害了原本简约、流畅的用户体验。

1983年的阿斯彭设计大会上，乔布斯发表了一篇以"未来绝对不会和过去相同"为主题的演讲，在演讲中他反复强调苹果公司的产品会是干净而简洁的："我们会把产品做得光亮而又纯净，能展现高科技感，而不是一味使用黑色、黑色、黑色，满是沉重的工业感，就像索尼那样。我们的设计思想就是：极致的简约，我们追求的是能让产品达到在现代艺术博物馆展出的品质。我们管理公司、设计产品、广告宣传的理念就是一句话：让我们做得简单一点，真正的简单。"

苹果奉行的这一原则在它的第一版宣传册上就得到了突出："至繁归于至简。"

乔布斯认为，简约化设计的一个核心要素就是让人能直观地感觉到它的简单易用。设计上的简单不总能带来操作上的简易。有时候，设计得太漂亮、太简化，用户用起来反而不会那么得心应手。乔布斯对一群设计专家说："我们做设计的时候，最重要的事情就是让产品特性一目了然。"他以麦金塔电脑桌面概念为例："人们直观上就知道该怎么处理桌面。你走进办公室，桌子上有一堆文件。放在最上面的就是最重要的。人们知道怎么转换优先级。我们在设计电脑的时候引入桌面这个概念，一定程度上就是想充分利用人们已经拥有的这一经验。"

微软创始人保罗·艾伦曾经帮苹果公司开发麦金塔电脑版

本的Excel软件，有一次，艾伦到硅谷拜访乔布斯。乔布斯为艾伦展示麦金塔电脑原型机和由鼠标控制的图形用户界面。

当艾伦看到乔布斯演示用的鼠标只有一个按键时，他好奇地问乔布斯："鼠标上如果有两个按键，是不是会更好？"乔布斯回答："保罗，你知道的，这完全是简约和复杂之间的取舍关系。没有人会在使用鼠标时需要两个或更多的按键。"

于是，多年来，苹果电脑配置的鼠标一直只有一个按键，与IBM阵营的两键、三键鼠标截然不同。近些年来，苹果又推出了iPod、iPhone，但不管是什么产品，都体现了"苹果"的一贯风格——简约。

乔布斯曾经说过："产品流畅、简单，容易看明白，而且责任非常明确，一切都简化了，这正是我的信条——聚焦与简化。"如果我们仔细观察一下生活就会发现，世上所有的事情都在向着简约发展，不管是汽车、手机、电脑，还是人与人之间的交往，或是社会秩序。简约并不意味着简单，正相反，越是简约的东西越是智慧的结晶，因为只有用心地探寻事物的本质才能发现，事物的本质往往是简单的。就如苏格拉底所说："我们的需要越少，我们越近似神。"

乔布斯就是这种简约精神的狂热追随者，无论是从他的生活还是从他对产品的要求上，都是以简约为上。这也是他深刻体察事物发展规律的一种反映，花哨的东西只能吸引顾客一时，简约实用的东西才能吸引顾客一世。苹果的每一项产品都是极尽简约，乔布斯及其设计团队会花费很大精力在让产品更加简约上，尤其是在操作使用上，乔布斯要求设计师们做到一个小学生都能很容易地学会。

苹果公司最初版本的iMac上网的速度就非常快，使用者只需要经过两个步骤就能够连接到互联网。"没有第三步"这个广告创意激发了1998年计算机行业的想象力，成了那十年中最有影响力的电脑广告，并让乔布斯的简约主义誉满天下。正如苹果设计师艾弗所说："我们完全沉浸在寻找一种高度简化的设计方案中，因为作为活生生的个体，我们都懂得'简单'的定义。"

"iMac电脑秉承苹果电脑一贯的简约风格，让你飞速上网。"乔布斯在做iMac演讲时说。同时，配合其演讲的幻灯片也极其简单："iMac电脑，互联网为之欢呼雀跃：苹果电脑，时尚而简约。"

除了外形力求简约时尚外，乔布斯还会将很大一部分精力用在简化用户界面上。设计OSX界面时，由于该系统对每个人来讲都是新的，为了让用户能够轻松上手，乔布斯将设计重点集中于简化界面。他要求将尽可能多的设置汇集在一处，将其他放在一个"系统偏好"框中，而这种"系统偏好"框则放进了"Dock"导航元素中。然后，乔布斯又坚持尽量多地精简界面，去除不必要的元素并简化视窗，仅保证视窗的内容而非视窗本身。经过筛选后，最后只保留下来几个主要的特征，其中包括设计团队花了好几个星期才开发出来的"单一视窗"模式。

"单一视窗"模式也是应乔布斯的要求而设计的。因为每次打开一个新的文件夹或文件，就会出现一个新窗口，很快

就会让屏幕变得非常乱，乔布斯讨厌这种同时打开好几个窗口的效果。而"单一视窗"模式则会将所有东西在同一个窗口展现，不管用户操作的是哪个软件程序。

在进行新界面研发的过程中，乔布斯经常会提出一些看起来非常疯狂的想法。但是最后事实证明，那些想法确实不错。有一次开会时，乔布斯仔细查看了每个窗口左上角的三个小按钮，这三个小按钮的功能分别为关闭、缩小和放大窗口。一开始为了防止它们分散用户的注意力，设计师将这三个按钮都设计成了相同的浅灰色，但是这样一来，用户就很难区分这些按钮各自不同的功能。

于是有人建议，在光标移到这些按钮上时，应通过触发特有的动画来说明他们的功能。乔布斯认为这个想法有点儿麻烦，他提出了一个建议：就像交通信号灯一样，给这些按钮加上颜色：红色表示关闭窗口，黄色表示缩小窗口，绿色表示放大窗口。这个想法我们现在看来很平常，因为我们使用的界面就是这样的。但是当时设计师们听到他这个想法时，都觉得太不可思议了。

设计师瑞茨拉夫说："听到这个建议时，大家都觉得将交通灯与计算机联系在一起实在是太奇怪了。"但是没过多久，他们就发现乔布斯是对的。不同的颜色含蓄地表明了点击这些按钮的结果，且这些颜色所代表的含义，特别容易被用户所接受，尤其是红色按钮，它暗示着"危险"，这样会给用户警示，不容易误点关闭按钮。这是一个既简单又实用的方法，而且简化了操作。

乔布斯和他的苹果

和创造世界名牌的人

一起放飞梦想

Let the dream fly

146

当苹果公司决定研发iPhone手机时，对于一个在手机领域没有任何背景的公司来说，是一次几乎不可能成功的挑战。但是乔布斯还是坚持要进行研发，因为在他看来，所有手机都过于复杂，简直无法操作。因此，乔布斯很早就定下一个标准，苹果开发的手机只能有一个按钮。

在苹果每周一两次的总结会议上，研发工程师们一直在向乔布斯抱怨，一部手机只有一个按钮是不可能的事情。如果你只有一个控制按钮，你无法开机、关机、调节音量、转换功能、上网以及使用手机拥有的其他功能。而乔布斯对他们的抱怨完全不理会，他只是不断地发号施令："这种手机只能有一个按钮，一定要想出办法。"对于手机到底该如何设计才能只需要一个按钮，乔布斯自己也没有办法。但是作为一个消费者，他知道自己就是想要那种手机。他不断驳回工程师们的研发方案，要求他们必须想出解决方案。

最终的结果是：第一台iPhone手机只有一个操作按钮。

简单思维，有一个较为有名的法则——"奥卡姆剃刀"。他的提出者奥卡姆·威廉有一句著名的格言："如无必要，勿增实体。"这不是教人们偷工减料，而是简化掉一些无用的工作，专注于最主要的事情，这样才能提高效率。"清水出芙蓉，天然去雕饰"，说的也正是这个道理。

第五节　特立独行　决不妥协

> 只有敢于冒险的人，才能真正地停止平庸。
>
> ——史蒂夫·乔布斯

"Think Different"——特立独行、决不妥协，是乔布斯一直信奉的理念。苹果在打造第一款Mac的时候，设计人员实际上为其设计了"扩展槽"，以便用户可以定制他们的机器。然而，乔布斯却否决了这个方案，因为他希望这台机器是封闭而又完美的产品。乔布斯不仅是苹果的创造者，作为一个追求完美的超级顾客，乔布斯还是要求"哪怕消费者看不到，苹果产品的内部也必须美观"。

一直以来，乔布斯都十分看好iPad。据说，他曾经对朋友和同事表示，iPad是他做过的"最重要的东西"，即使是在休病假期间，"他都念念不忘iPad，否定了一个又一个设计方案，直到完全满意为止"。2009年6月，手术后重返工作岗位的乔布斯亲自主抓iPad开发工作，仔细过问该项目的所有工作，特别是广告和营销战略有关的事宜，事实证明，他的偏执再一次获胜。

不仅如此，凭借乔布斯对苹果公司深沉的爱，他对工作细节的精益求精更加偏执，他希望一切都在自己的掌控之下，并认为对苹果公司了如指掌是他的本职。据说，乔布斯亲自参与设计的苹果产品专利超过100项，其中就包括了iPad的用户界面，以及专卖店中炫目的玻璃台阶支架。与苹果合作多年的Chiat/Day创意总监肯·舍加尔这样描述工作中的乔布斯："在新产品发布之前，甚至在广告组介绍产品之前，他会说：'第四段第三个字用得不好，最好还是换一个。'"

当然，乔布斯还有更加不可思议的偏执。

iPhone刚刚发布不久，乔布斯就告诉他的一位商业伙伴，自己为了产品成功推出，在筹备发布会的最后40天里熬了20个通宵。"这吓了我一跳，在回家的路上，我好像听到我妈妈的声音在我脑海里盘旋：'看见了？这就是为什么他是乔布斯而你不是。'"这位商业成功人士说："我的意思是，我工作非常努力，但是我在过去的40天中的20个晚上干了什么？我参加饭局了。"

乔布斯疯狂的偏执虽然近乎极端，但这也正是他能坚持下去的动力。

第六节　创意是最宝贵的财富

> 与众不同的思考，代表着苹果品牌的精神，因为充满创意的人们，可以让这个世界变得更美好！
>
> ——史蒂夫·乔布斯

很多时候，成功或失败都取决于我们的大脑，那些懂得持续挖掘大脑智慧的人，常常都能够先人一步到达成功的彼岸。显然，乔布斯便属于其中的一个，因为他从不会让自己的脑袋空着。世界上的人都说成功是走出来、创造出来的，实际上这些只是成功的一半，如果想成为像乔布斯一样的伟大人物，除了要有大无畏的勇气之外，还必须具备永不间断的创新精神。唯有如此，才能开辟出一条永恒的成功之路！

其实，我们和乔布斯的区别在于：他的脑袋里始终都是满的，而我们的脑袋里有时却是空的！乔布斯是聪明的，他明白在这个经济高速发展的时代，与其将自己的每一只口袋都塞满，不如将自己的脑袋塞满，因为创意才是我们最宝贵的财富。倘若乔布斯没有了创意，便不会获得今天的辉煌；假如苹果失去了创意，将势必会被消费者们所抛弃。

乔布斯对于创新总有用不完的力量，他从不会将今天想到的创意，放到明天再去实施，无论这个创意能否获得最后的成功，他都会以最迅速的方式尝试一下。我们在他的人生字典里，绝对找不到"拖延""再等等"这类词汇！事实上，创新也容不得我们半刻的迟疑。一旦拖延，我们脑子里的新想法，可能就会被残忍地扼杀。因此，不要拖延，创新需要立刻开始实施！

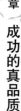

管理学家拉姆·查兰曾经说过："没有实践的蓝图只能是悲剧！"对于我们而言，想出好的点子固然重要，但怎样将它付诸行动，并使其经得起实践的考验，这才是一条完整的创新动作。如果我们的创新缺少行动的支撑，最终也不过是一座虚无缥缈的空中楼阁罢了。显然，光想出好点子无法促使我们接近成功，唯有像乔布斯那样认真实践每一个创意，才能让创新引导我们走向成功的终点。

在创新的道路上，乔布斯常常会选择一条人迹罕至的路，如将苹果的产品数量从350个砍到10个；将键盘从智能手机的面板上取消；将操作的一部分代码删除；将主页信息删减得只剩下一件产品等。乔布斯这些看似冒险的举动，实际上却是一种自我的超越。在他看来，只有敢于冒险的人，才能真正地停止平庸；必要时的孤注一掷，远远胜过于千万个没有实践的创意。

著名文学家巴乌斯托夫斯基曾说过：异想天开给生活增加了一份不平凡的色彩，这是每一个青年和善良的人所必需的！显然，这里的"异想天开"就是指创新。创新者早已注定是不甘于平凡的人，如果想得到像乔布斯一样的人生，我们就必须

想别人不敢想的事，冒别人没有冒过的险，做第一个吃螃蟹的人，勇敢地将想法付诸实践，走一条跟别人不同的创新之路！

2001年，乔布斯推出了一款令人意想不到的产品：iPod！可以说，这一产品是苹果公司孤注一掷的赌注，因为苹果公司曾经冒险推出过几款类似的消费电子产品，如掌上电脑Newton、家用多功能系统Pippin等，它们都落得个草草收场的结局。尽管如此，乔布斯依然坚持着这方面的创新，终于让iPod取得了空前的成功：iPod以一流的设计、卓越的性能以及易用性，获得了消费者们的热捧。2002年，苹果凭借iPod在数字音乐市场一举获得超过50%的占有率！

iPod为什么能够获得成功？就因为乔布斯对它的创新！当人们都在苦恼于计算机复杂的系统，头疼操作它太过困难时，乔布斯再一次开启了自己的创新思维。他在想：如果能有一款电子产品，精致实用得让成年人爱不释手，同时，又简单有趣到让孩子乐此不疲，岂不是一种伟大的创举？就这样，苹果的iPod应运而生，它便是一款集精致和简单于一体的创新产品！

对于这款风格极简、纯白的iPod音乐播放器，乔布斯用了七个十分简单的字眼来总结操作："接入，按一下，搞定！"在iPod的造型设计上，乔布斯几乎将简单哲学发挥到了极致，纯白色的外壳上，丝毫没有多余的装饰，负责外观设计的工程师伊夫说："从一开始，我们就想要一个看起来无比自然、无比合理而又无比简单的产品，让人根本感觉不到它的设计感！"

对于iPod的功能设计，乔布斯更是反复强调其产品操作的简便性。iPod的主要功能就是听歌。所以，只要最大限度地满足这一功能，iPod的任务便可以圆满完成。正因为如此，他在设计时始终要求，将iPod打造成一款功能非常专一的产品，除了音乐，必须尽量避免添加其他任何与音乐无关的内容。

于是，"享受音乐"是iPod设计师伊夫在脑海里唯一呈现的东西，他的一切设计，都是为了让用户能够更好地享受音乐的美妙，没有增添任何会分散人们注意力的附加功能。因此，iPod带来的音乐体验是无与伦比的，用户只需要插上耳机，就可以沉浸在美妙的音乐世界中，有上千首歌曲任他们挑选。

最后，乔布斯在产品硬件上，也继续着简单的设计理念。用户仔细观察iPod便不难发现，它没有在大多数产品身上常见的螺丝孔。实际上，它的外观甚至没有一枚可见的螺丝。此外，大多数产品的机身，都会被贴上一张印有条码和检验章的标签。但在iPod身上，这一切都被巧妙地转移到产品背面的底部。

2002年7月，乔布斯又亲自发布了新款的iPod。其中最关键的突破是，从此所有的iPod产品，都可以跟微软的操作系统兼容，这是史上第一次苹果公司所推出的消费类电子产品不必再搭配麦金塔电脑就可以使用！这一次的创举，让iPod吸引了更多的消费者，销售额也随之再一次创出了新高！

很多人可能都有这样的疑问：为什么其他公司难以复制苹果的创新法则？答案很简单：因为乔布斯的创新需要异常强大的魄力，几乎没有多少人拥有如此巨大的魄力，一种甘冒失败风险却依然坚持创新的魄力！

第七节　幽默应对突发事件

> 并不是每个人都需要种植自己吃的粮食，也不是每个人都需要做自己穿的衣服，我们说着别人发明的语言，使用别人发明的数字，我们一直在使用别人的成就。使用已有的知识来进行发明创造是一件很了不起的事情。
>
> ——史蒂夫·乔布斯

作为领袖，要善于应付一切突发状况，聪明的乔布斯便以幽默来化解。

2006年，乔布斯接受《新闻周刊》杂志的访问时，就用幽默的回答化解了媒体的发难。当时，有一名记者故意刁难乔布斯说："当越来越多的人都在使用iPad，如前美国副总统切尼和英国女王伊丽莎白二世都在用它，iPad还会那么酷吗？"乔布斯听后，没有像其他人那样以鸵鸟政策应对，而是微笑着回答："每个人都有嘴唇，难道你就不想吻你情人的香唇了吗？"该记者听完后就笑了。

此外，在演讲中最怕碰到突发事件，许多人不善于解决这个问题。要么逃避它，对它视而不见；要么哑口无言，弄得很尴尬，如大名鼎鼎的盖茨，在2007年4月到北京大学演讲时，就曾遭遇过一件突发事件。当时，突然有人冲到台上振臂高呼："我们需要开发软件，需要自由！"面对这种尴尬的场景，盖茨并没有做到随机应变。然而，面对演讲中的一些异常状况，乔布斯却总能用幽默化解它。

2005年，在Mac World Conference &Expo的年会上，乔布斯正神情激昂地说："这是苹果新一代操作系统Tiger，它还包括一种具备搜索功能的应用程序Spotlight，这是苹果公司的Google杀手，它能搜索到你储存在硬盘里的任何文件。当然，这是苹果公司独家研发的，用户界面非常漂亮。"

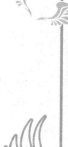

随后，乔布斯便按照一贯的程序，开始为大家演示该产品的功能，谁也没有想到，就在这时软件突然失灵了！显然，这一突发事件并不在乔布斯的预料之中。尽管如此，他依然微笑着顺势说道："我这里出现了一个小毛病。哦，这就是我们需要备份的一个原因。"紧接着，乔布斯继续说道："这个系统太酷了，我们打算今年就让它上市，而且会远早于Longhorn的推出。"每当乔布斯陷入突发事件时，他的幽默便会不失时机地涌出，为他解决燃眉之急，并给人留下深刻印象。乔布斯以自己的不懈努力向世人展现了一个领袖应具备的要素：雄辩、表演技巧、魅力以及从容。

在苹果的历史上，曾有一个轰动全球的事件——iPhone4天线门事件！

美国旧金山当地时间2010年6月7日10点（北京时间8日凌晨1点），备受期待的苹果开发者年度盛会WWDC2010（Apple

Worldwide Developers Conference 2011）拉开了帷幕。苹果CEO乔布斯在这次的开幕演讲中，公布了新一代iPhone的名字叫"iPhone4"。在功能上新一代iPhone升级十分明显，很多方面都超出了之前的预期。其中，硬件方面包括全新的外观设计、革命性的Retina IPS硬屏显示屏幕以及三轴陀螺仪、A4处理器、全新的拍摄系统等。

然而，产品上市不久就有不少人反映：iPhone4接收信号的能力太差！

很快，反映这一问题的人越来越多，甚至有人还开始呼吁：不要上苹果的当，iPhone4根本就不值！随后，美国《消费者导报》杂志经过实地测试后证实：苹果公司所谓iPhone4信号强度问题，是因为误算手机显示的信号格数所致，当使用者碰触iPhone4手机侧边的天线时，信号会逐渐减弱。该杂志还坚决表态："因为这个问题，我们不会推荐iPhone4！"

一时间，无数消费者们的质疑，纷纷向乔布斯抛来。

此时，iPhone4才刚推出不久，乔布斯还沉浸在人们排长队购买iPhone4的兴奋当中，面对突如其来的一切质疑，他完全没有任何心理准备。尽管如此，但他却没有像其他企业家那样先弄清楚事情的来龙去脉，而是秉承苹果一贯的宗旨——以用户利益为重的大前提，督促员工们立刻处理这场信誉危机。

乔布斯首先召开了新闻发布会，专门针对iPhone4的天线设计和信号衰减问题与媒体进行沟通，并郑重表态：所谓"天线门"不是iPhone4的专利，其他智能手机也有，且iPhone4无论是退货率、投诉率还是掉线率，都优于前代的产品；另外，如果用户在意信号显示问题，苹果将会提供手机操作系统iOS的更新版本4.01，并修改信号的现实公式。若用户对这个修改仍不满意，还可以免费获得苹果自产的iPhone4皮套，或者按照AT&T公司的规定全款退货。

此外，乔布斯指出，iPhone自产的保护套能包裹天线，能够解决天线接收的问题。2010年7月6日，苹果已经开始向购买iPhone4保护套的用户提供退款；7月16日，苹果宣布由于天线问题，将向用户免费提供保护套。届时，用户可以在线退款，也可以从苹果零售商店得到退款。消费者们对于这样的解决方式都比较认可。实际上，他们的心里很清楚，经过与其他手机的对比，iPhone4的"天线门"不过是某些人的恶意炒作而已，乔布斯已经仁至义尽了。就这样，乔布斯不仅以人格魅力度过了危机，还赢得了更多人的追随！

第八节　保密大师

> 一定要有一个充满激情的想法或者你想
> 纠正的错误，否则你将不会有坚持这一项目
> 的毅力。
>
> ——史蒂夫·乔布斯

　　世人都知道乔布斯是一位"保密大师"，但对这个称谓背后的故事却知之甚少。在以技术论成败的电子产业，在高科技企业激烈竞争的商业背景下，每一位管理者都有职责保护企业的商业秘密，乔布斯就是在这一大环境之中，为了履行自己管理者的职责，想方设法将自己变成了一位极端的反间谍高手，从而让苹果随后的多款产品，都得以顺利地面世和销售。

　　2007年1月，苹果公司在一场官司中失利，法官判决它向两家网站支付70万美元诉讼费，同时这意味着乔布斯通过法律程序追查泄密者的努力失败了。顿时，苹果和乔布斯再次成了人们谈论的焦点。这次轰动性事件的起因，是两家网站将代号为"小行星"的苹果新品信息发布在网上，随后苹果公司以侵犯商业秘密为由将这两家网站告上了法庭，并要求被告提供泄密者的姓名。

　　虽然这只是一个极为普遍的商业秘密文件，但作为苹果公司的最高管理者，乔布斯认为自己有职责杜绝这种泄密事件的发生，经过这一次的教训后，他开始重视自己的这一职责，对苹果公司的研究过程实施"封闭式"策略。

在苹果公司的一款重量级产品——iPod的研发和上市过程中，乔布斯为了履行自己的职责可谓一丝不苟。他在这段时间里将保密手段发挥得淋漓尽致，以至于有关乔布斯保密的各种小故事在硅谷四下流传，他本人也因此获得了"间谍大师"这一业界少见的名号，iPod则被称为"保密运作的经典范例"。

《连线》杂志认为，称乔布斯为"保密大师"简直就是实至名归。跟硅谷中的其他公司一样，乔布斯要求每位员工都签订保密协议，所有项目都使用代号。另外，还要在研发过程中贯彻"需要才能知道"的保密原则。换言之，不同部门只知道各自业务必需的那些信息。唯有高层的几个人才掌握着全局。

在iPod还未发布之前，除了公司高层之外，只有广告部知道它的正式名称，其他人都只知道iPod开发阶段的代号为"洋琴"。为了避免产品外观泄露，iPod在出厂前的测试阶段一直被严密包裹，尽管后来大家看见的iPod，其大小与普通的MP3没什么区别，但测试包裹的体积却超出了很多倍。其实，这是乔布斯为保密实施的"障眼法"。

在iPod决定进入零售市场之后，苹果从竞争对手那里挖来了朗·约翰逊负责这项业务。乔布斯要求他使用假姓名来隐藏身份，以免别人从中判断出苹果的经营动向。因此，在好几个月的时间里，约翰逊以假名出现在苹果的电话簿上。

苹果的市场总监菲尔·席勒，身为一个iPod发烧友的父

亲，也从来不向妻儿透露自己的具体工作内容。乔布斯本人更是以身作则：他将iPod的内置音响组件带回家中测试，一件用来遮盖和伪装的衣服从不离身。并且，唯有当家中无人时，他才会戴上耳机测试效果，所以就连乔布斯的家人，都不知道他一个人躲在屋里"到底在干着什么见不得人的事"。

然而正是乔布斯这些极端的保密措施，才得以使iPod顺利问世！乔布斯就是这样生活的，他让每一款苹果产品的推出，都极大地方便了人们的生活和工作，并为电子事业带来了一缕清新的空气，而在这种责任感的驱动之下，他更是做到了让生命不再枯燥！

Steve Jobs

第十章　　"苹果"传奇

Steve Jobs

第一节　内涵丰富的苹果标识

要有勇气追随心声，听从直觉。

——史蒂夫·乔布斯

苹果公司的每一步发展都在苹果标识的变化上体现出来：不论是最初代表着科技发明新成果的"砸在牛顿头上的苹果"，还是现在代表着简约、大气与时尚的"透明苹果"，无不体现着时任苹果领导赋予其产品的深刻内涵。每一次苹果公司标识的变化都代表了苹果公司在发展上的一次跨越，同样也反映出乔布斯和苹果的成长轨迹和科技理念。下面就让我们一边了解苹果公司标识的变化，一边跟随乔布斯开始我们的苹果之旅吧。

1976年公司刚成立时，乔布斯的团队根本请不起那些知名的商标设计公司为这个初出茅庐的公司设计标识，而恰巧罗恩·韦恩（Ron Wayne）正是从事设计工作的。因此，就由韦恩为苹果公司设计了的第一个标识，也就是下图中的第一幅——牛顿坐在苹果树下读书的图案，这个标识是用钢笔绘制出来的。

实际上，当时乔布斯并不满意这个标识，因为他觉得这个标识过于复杂，难以复制传播。虽然，这个标识中引用了苹果砸到牛顿头上启发牛顿发现了万有引力的故事，但是乔布斯认为这和他的苹果电脑并没有太多的关系。所以，这个标识只有第一代苹果电脑使用，而且仅仅在1976年使用，时间很短。

推出第二代苹果电脑的时候，乔布斯决定指定Regis McKenna公关公司的艺术总监Rob Janov设计一个更好的标识来配合第二代苹果电脑的发行使用。所以，在1977年，当第二代苹果电脑在市场上开始销售的时候，每台电脑上的标识就是下图中的第二幅——那个像彩虹一样的"彩色"苹果。

开始在设计的时候，Janov制作了一个苹果的黑白剪影，但是他总感觉缺了些什么。Janov说："我想简化苹果的形状，并且在一侧被咬了一口，对吧，以防苹果看起来像一个西红柿或者樱桃。"然后，Javov又在这个黑白剪影上增加了六条彩色的、水平色条，于是彩色苹果标识诞生了，而乔布斯对这个彩色的苹果也非常满意。

当时，每一个见到苹果标识的人都会禁不住问："为什么苹果被咬了一口？"这或许正是当初Janov设计苹果标识时所希望达到的效果——出于疑惑而能立刻吸引别人的注意。

而Janov决定将苹果公司的标识设计成这个彩色苹果的初衷是因为鲜艳的色彩可给人以活力和朝气，而被咬掉的缺口则能极大地唤起人们的好奇、疑问，Janov说："如果你想知道苹果的滋味就要亲口尝一尝，对吗？"Janov的言外之意就是说如果你想真正感受苹果电脑的与众不同，你就必须亲自使用一下。

另外，英文的"咬"字（bite）与计算机的基本运算单位字节（Byte）同音，Janov利用谐音将"被咬了一口的苹果"与计算机巧妙地联系在一起。

此外，第二代苹果电脑使用全新塑胶外壳，同时使用了彩色屏幕，这六条彩色的水平色条也暗合了苹果第二代电脑的彩色屏幕。从此，无数人爱上了这个被人咬了一口的"苹果"。尽管随着时代的变化，"苹果"的色彩也发生了变化，但是这个"被人咬了一口"的苹果形状却一直沿用至今。

从苹果公司"彩色苹果"标识的设计，到1984年苹果公司为推出Mac电脑而制作的广告（该广告获得当年广告界最高奖项），可以看出，无论是在电脑的研发和推广上，还是在公司的标识和广告设计上，乔布斯和苹果公司一直都在追求完美、彰显个性。

从1977年到1988年，苹果公司的标识一直是这个"彩色苹果"。有人说，这些鲜艳的色彩，在苹果公司的员工士气不振时能让员工们重新振奋起来，所以这个"彩色苹果"被喻为苹果低迷时期员工们的血液。1998年，随着苹果公司的发展，乔布斯重新将苹果公司的企业风格定位为——简单、整洁、明确。为了配合新一代电脑产品的设计和推广，乔布斯提出去掉苹果标识中的彩虹颜色，在当时苹果公司的新产品（例如iMac、G4、Cube等）上应用了全新的半透明的塑胶质感的新

标志——最初设计时有全红色和全黑色两种图案。

这一次标识变化的原因是苹果公司当时推出的新产品都采用了透明材质的外壳，标识的改变是为了配合新产品的质感。乔布斯决定改变标识，除了因为品牌的重新定位和配合新产品的外观之外，也因为当时全世界对IT行业的定位就是稳重而有金属质感的"黑色"。"黑色"代表了电子时代的到来，所以，全红色的半透明的塑胶质感的苹果最后被否定了，只留下了上面第三幅图中的那只"黑色苹果"，改变后的标识显得更为立体、时尚。这个标识大部分情况下是出现在包装、商品或需要反白的对比色上，目的是为了配合产品的宣传。至今，苹果的单色标识仍然被使用着，这种设计风格也最能体现乔布斯对苹果的品牌定位。

1997年，当乔布斯回归苹果公司之后，在乔布斯的带领下，苹果公司重新崛起。2001年，透明的"玻璃苹果"出现了。这次改变同样标志着苹果公司和乔布斯一贯的创新精神。为什么要将苹果的标识变为透明的呢？乔布斯的主要目的是为了配合首次推向市场的Mac OS X系统。这次苹果的品牌核心价值从电脑转变为电脑系统，所以苹果的标识也跟随了系统的界面风格变化，采用了透明质感的设计方案。玻璃苹果的身上还多了一条像水纹一样的曲线，这条曲线从苹果左侧高度一半的位置开始向右上方延伸至"苹果缺口"的地方结束，有人说这条曲线象征着苹果电脑系统的流畅性。

2008年之后，透明的"玻璃苹果"又变成了银白色金属质感的苹果，这次标识的变化是因为苹果公司不但研发电脑产品，而且推出了iPhone手机系列。同时，玻璃苹果身上的那条水纹曲线变成了另一条痕迹——就好像一个人的手指在手机的屏幕上划过的痕迹，这条新的痕迹既是经验的象征又是一种新的发展。之所以设计人的手指在手机屏幕上划过的痕迹，正是为了配合iPhone创新地引入了Multi-touch触摸屏幕技术，这种设计是为了突出iPhone带给用户的一种全新的体验。

苹果标识的每一次变化都源于核心产品的变革，这种变化并不代表苹果公司放弃简约主义，而代表着品牌的核心价值发生了变化。无论对苹果公司来说，还是对苹果迷们来说，"苹果"永远都和乔布斯联系在一起。所以，"苹果"精神也是乔布斯的精神。这种精神是什么呢？就是不断地探索、不断地创新。当然，在追求梦想的道路上，乔布斯从来都不是一帆风顺的。当乔布斯遇到困难的时候，也会痛苦，但是他不会沉溺于痛苦之中，而是不断寻求解决问题的方法，而且一旦他认定了之后，他就会拿出破釜沉舟的勇气，达成目标。

和创造世界名牌的人

一起放飞梦想

Let the dream fly

第二节　摇滚演唱会式的演讲

> 如果你不够自信，或者缺乏胆量，或者
> 束手无策，那你就失败了。
>
> ——史蒂夫·乔布斯

苹果公司每一次发布新产品，人们所关注的焦点，很大程度上是来自于乔布斯传递的信息。每当有重要的产品发布时，他首选的方式就是公开亮相，现身说法。世人几乎都是通过乔布斯的演讲，才得以了解苹果的新产品，并将它牢记在心上。

美国的企业CEO们都十分重视主题演讲，却唯有乔布斯将演讲做成了一场摇滚演唱会式的盛会，而他就是这次盛会中的主角。如果是其他的CEO在会场发言，也许大家在报纸或杂志上看过新闻后，就会忘得一干二净。可是，由乔布斯主持的发布会却能扫荡网络和电视，让大家津津乐道数月。

实际上，乔布斯的每一次演讲都经过精心的安排，因为他将主题演讲当成一个首要战略来考虑。为了做好一场主题演讲，他会提前数周开始做准备。而且，他还会安排及督促数十位人员精准配合。如此强大的团队，无疑保障了主题演讲的完美质量。在每次的演讲中，他都会将自己的独特个性和魅力，在全球用户的面前发挥到极致。

在乔布斯摇滚演唱会式的演讲中，他经常会采用文字和图片等辅助工具来推荐产品，以便使他想要传递的信息能够更清晰地保存在听众的记忆中。因此，他常常会采用幻灯片来表达这一切。而他使用的幻灯片十分简单明了：每张幻灯片所配的文字也都差不多，有时放映十张幻灯片，仅仅用了7个单词，因为他觉得，太多文字会分散听众对信息的注意力，这样效果反而不好。

乔布斯为幻灯片的制作也花费了大量的精力。他会亲自撰写并制作大量内容，只从苹果公司的设计团队那里接受有限的帮助。对此，参与乔布斯演讲制作的麦克说："每段演示都要精确无误，乔布斯和制作人在苹果电脑笔记本上修订资料。他很有条理，演示的每个小环节他都烂熟于心，以寻找影响最佳的契合点。每当介绍完一个新品，他都会向外界传达苹果公司在不懈改进其产品这一信息。"

除此之外，乔布斯还会运用各种各样的道具，设计一个明星演唱会般的演讲舞台。而经过精心雕琢的演讲舞台，都会跟新品的宣传相配合，如在iPad的推荐会上，舞台就没有布置成讲台的形式，而是巧妙地设置了一把舒适的真皮椅子和一张小圆桌，充满了休闲的意味。乔布斯一出场便惬意地坐在椅子上，并从容地拿起了桌子上的iPad，开始展示它的各种功能和作用。显然，这一舞台设计暗示着iPad是为了让人们的生活更舒适、更有趣！

在演讲会上，乔布斯的衣着打扮，也是他演讲道具的一部分。他从不身着正装推介苹果的新产品，而是身穿牛仔裤的休闲打扮，因为这在突显他独特个性的同时，也体现了苹果产品充满活力、独具个性的一面。如果他像其他CEO那般西装笔挺地演讲，也许效果会大打折扣。正因如此，苹果产品在人们眼里总是独具魅力！就这样，乔布斯借助道具，让苹果一次次留在听众的心中挥之不去。

在2007年的一场主题演讲中，乔布斯就展现了最具自己风格的开场白：

"一年前，我们才刚宣布转移到英特尔阵营，这是一次重大的换心手术，让Mac OS X顺利漂亮地运作。我们的硬件团队，让每件新款的麦金塔电脑里的英特尔处理器都能顺畅运行。今年对我们来说，是超级成功的一年，在此真是非常感谢各位使用者。在今年售出的Mac计算机当中，有一半是由新加入的人售出的，感谢各位跳槽的朋友，噢！连微软的吉姆·奥尔新也是其中之一。

2007年将是麦金塔电脑美好的一年。未来的数个月中，我们将为麦金塔电脑推出令人赞叹的新产品。首先，我想再次让各位了解我们音乐部门的成功。再介绍一次第五代iPod（即iPod Touch）、iPod nano 3和Shuffle 3。第五代iPod远远领先群雄，是目前最受欢迎的影片播放机，iPod nano 3是最受欢迎的播放器，而炫彩Shuffle 3则是最'易戴'的。"

在这段简短的开场白中，乔布斯将演讲的重点和盘托出，殊不知，这段开场白并不是信手拈来的，而是有意为之。对此，乔布斯的好友兼搭档麦克就透露了乔布斯管理做开场白的几项技巧：演讲的两日前开始彩排。寻找到最吸引眼球的片断，排练！排练！再排练！

　　乔布斯通常会在主题演讲之日的前两天进行彩排。第一天，乔布斯会选择最吸引眼球的片断。届时，产品主管和研发主管都齐聚会场，等待乔布斯介绍他们的产品。这些人也是乔布斯的临时观众，之后会向他反馈对演讲的意见。第二天，当乔布斯走上演讲舞台时，主题背景会变为黑色，演示开始。这聚合了所有工作人员的能量，能让人联想起凸透镜聚焦太阳光，一点光斑就能引燃火种。

　　乔布斯的演讲总是给人意外，令人迷醉。其实，这都是注重排练的结果。一旦彩排开始，安全人员就将无关人员驱逐出场以提高保密程度。然而，有些细节却是没法预料的，如乔布斯正准备走上舞台的时候，发现DVD播放器遥控开关失灵了。所以，工作小组常常准备一套特别的转发系统以确保其正常工作。正是在开场白的缜密准备之下，乔布斯的每一次演讲才能令人过目不忘。

第三节 疯狂的"果粉"

> 真正成功的领导者，得站在一个高度上
> 掌握别人的思想。
>
> ——史蒂夫·乔布斯

乔布斯曾经说："真正成功的领导者，得站在一个高度上掌握别人的思想。"但若没有交际又何谈掌控的思想？乔布斯深谙此道，他知道必须先从交际开始，才有可能虏获他人的"芳心"。所以，他不断向大众推销他的梦想、他的理念、他的精神，让越来越多的人成为苹果的信徒。这批苹果信徒们无比忠诚、狂热、坚定，在他们的眼里，苹果产品就是完美的、艺术的化身，即便它存在缺陷，消费者仍会义无反顾地掏钱购买。乔布斯非常重视培养苹果的粉丝（"果粉"），这是他"分享财富"计划的根本。

在乔布斯的规划之下，苹果拥有了全球范围内最忠诚、最专注的顾客和最疯狂的粉丝，还没有哪一种产品，能像苹果一样具有明星般的魅力。为此，乔布斯在苹果公司成立了各种组织，以帮助苹果迷分享软件或专业知识，从而培养了一批铁杆苹果粉丝。因此，在苹果专卖店的门前，常常排着长长的队伍购买新品；在乔布斯的演讲中，频频爆发出一阵阵的掌声和欢呼声。

苹果每一次推出新产品，总能引发一轮销售狂潮。在iPad、iPhone4、iMac发售的前一晚，在苹果的专卖店外，许多人都会拿着睡袋和椅子露宿街头。他们不惜彻夜排队，只为第一时间抢购到自己钟爱的产品。乔布斯为了满足所有排队粉丝的要求，规定每名顾客只能购买两部iPhone4手机，而在有些专卖店，更是规定每人限购一部。即便如此，粉丝们的购买热情依然高涨。

每年的Mac World大会，都是"果粉"们的狂欢会。成千上万的"果粉"们，都千里迢迢赶赴这个盛会。在2007年的Mac World Conference &Expo大会上，乔布斯展示了苹果即将推出的iPhone手机，紧接着，他说出一句激动人心的话："iPhone是革命性的移动计算机，它将彻底颠覆整个电信行业！"

在演讲的最后，乔布斯还高喊出了一句极富煽动性的话："我敢与你赌顿晚餐，你会爱上它的！"乔布斯话音刚落，"果粉"们便疯狂地响应起来，他们高喊："乔布斯！乔布斯！乔布斯！"乔布斯成了全场最耀眼的明星，而在这次大会之后，iPhone手机一举成名，成了媒体竞相追逐的热点。

就这样，iPhone手机上市后，6天之内销售量就达到了100万部！

不仅如此，在福布斯的科技公司排行榜上，苹果公司的粉丝数量位列榜首，这批粉丝将苹果公司的理念传播到世界各地，让苹果品牌越来越迷人。他们当中的许多人，也已经成了苹果公司的新员工。正是因为乔布斯的"铁杆粉丝"计划，才

乔布斯和他的苹果

和创造世界名牌的人

一起放飞梦想

Let the dream fly

第四节　再见，乔布斯

你的时间有限，所以不要为别人而活。不要被教条所限，不要活在别人的观念里，不要让别人的意见左右自己内心的声音。最重要的是，勇敢地去追随自己的心灵和直觉，只有自己的心灵和直觉才知道你自己的真实想法，其他一切都是次要。

——史蒂夫·乔布斯

2011年10月5日，乔布斯因癌症而永远地离开了。关于他的离开，人们除了哀伤之外，更关心的是"没有了乔布斯的苹果会怎么样"。

有人说：苹果因为有了乔布斯而繁荣，乔布斯因为有了在苹果的辉煌而成就了IT教皇的神话。但是，这个世界不可能有永恒不变的事物，所以即使乔布斯没有因为癌症而那么早地离开，苹果早晚也是要离开乔布斯的。既然如此的话，不妨先来总结一下苹果成功的原因，然后再继续思考"苹果向哪里去"的问题。

苹果成功的第一个原因当然是乔布斯的力量。

乔布斯在"出局"的时间里对自己在过去所犯的错误有了深刻的认识和思考，并且做了一些其他有意义的尝试。可以说回归后的乔布斯更"成熟"了，他对产品、对市场、对管理有更加深刻的理解。回归后的乔布斯带领苹果走出困境，董事会成员也更信任乔布斯了，公司的员工就更不用说了，早就把乔布斯当成了救世主。所以，乔布斯对苹果有比当年作为创始人更强的控制权，俗话说得好"上下齐心，其利断金"。

成功的第二个原因是苹果拥有的那些精致、时尚、创新的产品。苹果的定位是高端市场，加上乔布斯追求完美的个性，注定了苹果必然采取精品战略。当一个市场进入到竞争白热化的时期时，像苹果那样做精品更容易成功。因为这样做，苹果产品就可以和其他产品区分开来，发挥自身独有的竞争优势，进而占领细分市场，驶入一片"蓝海"。

更为重要的是，苹果通过推出"让你想舔上一口"的iMac、"酷毙了"的iPod、"装在牛皮纸袋里"的Mac book Air、"让人一见钟情"的iPhone、"不用键盘和鼠标"的iPad等精品，俨然已经成了时尚的代名词。此时，苹果产品不仅仅是一个电子产品，而是代表一种精品文化，一种追求完美的身份、一种品位。当人们为苹果赋予如此多的附加值时，苹果自然不会害怕"山寨"，更多的人愿意为苹果的高价埋单。

而以微软和IBM等公司为首的平民战略下的产品在市场充分竞争、技术不再是难题的情况下，反而很容易被模仿。这种战略下的产品在一个竞争激烈的市场上很难存活，公司只能在一片"红海"中厮杀，即使存活，所获利润也不高。

苹果成功的第三个原因是成功的市场营销——打造一种生活方式。乔布斯从来不营销产品，而是营销一种精神、一种文化，他要让所有人成为苹果的信徒，拥有对苹果产品绝对的忠诚、狂热以及敬仰，坚信苹果是超酷的、特立独行的、完美主义的化身，即使它存在缺陷，消费者仍然会掏钱购买，因为在他们看来，买不买苹果已经"不是一个理性问题，而是一个信仰问题"了。苹果将这样的模式称为病毒营销。美国总统奥巴马甚至把iPod当作国家礼品送给英国女王，可见美国人民"中毒"之深。

苹果成功的第四个原因是成功的商业模式——硬件背后的利润。苹果控制整条产业链，所获得的惊人回报令人垂涎。它不仅通过销售硬件赚钱，还通过出售软件和内容获得源源不断的收入。苹果还可以通过与通信运营商合作得到分成收入，同时，在iPad上运行其他厂商的内容，苹果也会得到相应的分成收入。

苹果还能通过类似iPad书店、App Store这样的开放平台得到分成收入。通过这些，又给企图进入这个产业的其他新进入者一开始就设置了较高的门槛。而且，苹果通过不同产品间的组合，可以轻松获利。比如iTunes+iPod模式，iPhone+App Store模式，iPad+iTunes+App Store+iBooks模式，这样的组合可以同时促进硬件和软件以及内容的销售。而乔布斯所做的，仅仅是坐等收钱。以iTunes+iPod模式为例，2008年苹果销售iPod的硬件收入为91.5亿美元，iTunes音乐下载总营业额约24亿美元，苹果得到分成收入大约为5亿美元。

　　一个成功的苹果的背后有那么多成功的因素，所以我们相信没有了乔布斯的苹果也会继续走下去，当然我们更加希望苹果身上的乔布斯精神能一直存在，并继续改变这个世界。尽管当乔布斯去世后，2011年底至2013年初，苹果公司的财政报告上显示苹果的销售和利润有过下滑，但是，随着新一代苹果产品的推出（例如iPhone5系列等），到2013年底，苹果公司的季度报表已经显示"苹果在回温"。也许，未来的"苹果"会变成"金苹果"，像希腊神话中的那个金苹果那样引起一场新的"争夺"呢！

　　令人悲哀的是，乔布斯再也不会知道了。他的去世完全出乎人们的意料，因此，整个世界被震撼了。世界上每一家苹果零售店门前都有人群聚集，他们留下纸条，手里拿着自己的iPad，屏幕上是摇曳的烛光。很多人留下了真正的苹果，并在上面咬了一口。

　　距离苹果总部和乔布斯家半个地球之遥的地方，有一个年轻人制作了一个图案，将它上传到互联网上，随后全世界都看到了它——乔布斯的侧面轮廓被完美叠加在苹果标志的缺口上。

　　还有一个青年，用Apple Chancery字体写着一句简单而感人至深的颂词："真诚地感谢你，史蒂夫·乔布斯。"

第五节　怀念乔布斯

上帝造人时，给我们以丰富的感官，是为了让我们去感受他预设在所有人心底的爱，而不是财富带来的虚幻。

——史蒂夫·乔布斯

2011年10月19日，那是一个星期四的下午，数千名乔布斯苹果大家庭的亲人们聚集在库比蒂诺总部外面的中庭里。加州柔和的阳光撒在大楼外侧悬挂的众多乔布斯的海报上，这些海报描绘了他人生不同的阶段。苹果新任CEO蒂姆·库克宣布暂时关闭全球的所有苹果零售商店，以确保公司的每一位员工都可以观看这个纪念仪式。

一个下午就可以道尽史蒂夫·乔布斯的一生吗？他的身份将怎样被描述？制造麻烦者、专横的人、追梦的人、设计师、创造者、产业领航人、先驱？

史蒂夫·乔布斯是一个独一无二的创造者和设计师吗？如很多人认为的那样，他创造、设计出了那些让他引以为傲的产品。他像一个天才的指挥家，将许多才华横溢的音乐家聚集成一个交响乐队，并且指导他们按照自己的步调演奏出最完美的音乐。

　　无论他扮演哪种角色，毫无疑问，他实现了他在宇宙中留下永恒印记的梦想。当然，最明显的"印记"当属他创造的那些有形的产品，以及它们给世界带来的改变，乔布斯同样也留下了一些无形的印记，包括他的想象力、毅力、激情和勇气。

　　"史蒂夫·乔布斯"已经成了一个家喻户晓的名字，2005年他应邀在斯坦福大学的毕业典礼上所发表的演说，成为他人生的总结。对所有的人来说，这份气势如虹的演讲稿应当被看作是乔布斯留给这世界最宝贵的遗产。

　　演讲发表于2005年的6月，那正是他被诊断出癌症两年后，也是他做完手术的一年后。他给大学毕业生们讲了三个故事。第一个故事是被串联起来的灵魂。这是乔布斯第一次公开地讲述了他被收养的故事，讲到了他甘于奉献、慈爱的养父母保罗和克拉拉。接着，他讲到自己从里德学院退学，去上了一门非常棒的书法课。他劝在座的毕业生，让他们内在的直觉和激情引导自己的生命航程。如果他们这么做，回首往事的时候就会意识到，那些随意地散落在他们生命中的"点"或者生活经验，会以有意义的、令人惊奇的方式连接起来的。至于如何选择人生道路，他认为关键在于找到你真正喜爱的东西，并且充满激情地去追求它。

　　第二个故事讲述了乔布斯对正从事的工作的热爱、被逐出苹果时的耻辱，以及最终如何释怀。他说："作为成功人士的沉重感被重新成为创业者的轻松感取代了，对任何事情，你都不再像原来那么确定。这种轻松感让我释怀，使我进入生命中极具创造性的时期。"而在提到创办NeXT公司和收购皮克斯公司以外，他还提到他的妻子和孩子们，他们是这个极具创造性的时期中非常重要的组成部分。

乔布斯的第三个故事讲的是死亡。他将死亡称为最伟大的"创造"，死亡清理老去的一代，为新的一代腾出空间。他也讲述了用死亡去衡量如何度过一天的哲学。"记住自己即将死亡，是帮助我做出人生重要选择的最重要的工具……记住自己终会死去，可以避免陷入以为自己会失去什么的陷阱，而我认为，这是最好的方式……没理由不追随你的内心。"他补充说："你的时间有限，所以不要浪费时间去过别人的生活。"

也许，他为非同凡"想"撰写的广告词会让人们更深刻地记住谁是乔布斯，以及他对世界产生了怎样不可磨灭的影响：

致疯狂的人们：他们特立独行，他们桀骜不驯，他们惹是生非，他们格格不入，他们用与众不同的眼光看待事物，他们不喜欢墨守成规，他们也不愿安于现状。你可以认同他们，反对他们，颂扬或是诋毁他们，但唯独不能漠视他们。因为他们改变了寻常事物，他们推动了人类向前迈进，或许他们是别人眼里的疯子，但他们却是我眼中的天才。因为只有那些疯狂到以为自己能够改变世界的人……才能真正改变世界。

成功者总是走在别人的前面，这一点在乔布斯身上体现得淋漓尽致。他从不会因为创新而创新，只会为了消费者的需要才创新。

在世人看来，乔布斯似乎拥有着看穿表象之眼，总能从平凡的事物中获得灵感，而他的创意也绝不是头脑发热后的产物，每次都多想了需求这一步，正是这一步将对手甩在了身后。可见，唯有建立在超前意识上的创新，才是我们真正应该拥有的素质！

纵观乔布斯的人生曲线图，我们会很容易发现，其中起伏的所有节点都与两个字有关，那就是"创意"。这个被世人称赞的人，一刻都没有停止思考。从创立苹果公司开始，他便宣称要用一台机器来改变世界——他凭借脑子里满满的创意做到了。即使到了今天，他奠定的创新精神，还继续驱动着苹果茁壮成长。

正是因为乔布斯有如此的成就，才让世人无不惊羡。其实，我们根本不用去羡慕别人，因为我们都是自己的"乔布斯"！俗语说："临渊羡鱼，不如退而结网。"我们每个人都是一个具有创造性的个体。只不过，我们现在还缺少实践，实践能够使自己便得更加成熟，或者更深入地理解围绕在自己身边的创造能量。一旦我们做到了这些，创新就是我们在任何时候都可以无限汲取的能量了！

乔布斯离开了，但是他留给这个世界的遗产却正在改变着这个世界。